Andreas N. Graf

AUSSTEIGEN – LIGHT

Ein familientauglicher Ratgeber

wie man mit wenig Geld

komfortabel lebt

Copyright Text © Andreas N. Graf 2015

Alle Rechte vorbehalten.

Copyright Coverbild © Andreas N. Graf 2015

Herstellung und Verlag: BoD - Books on Demand, Norderstedt

ISBN 978-3-738-65305-2

Inhalt

I. Über dieses Buch

Familien Willkommen!	12
Ihr bescheißt doch Akademiker? Und schaffst im Lager?	15
Glaub ich nicht	17
Für wen dieses Buch *nicht* ist	18

II. Denkfundamente – die Wirklichkeit als meine Perspektive

Das rechte Maß	23
Was will ich, was brauche ich, was kann ich mir leisten?	29
Anpassen an Gegebenes	34
Das Geld, das ich nicht ausgebe, muss ich nicht verdienen	38
Die beste Note	43
Das Geld, das ich ausgebe, muss ein Vielfaches seines Wertes erbringen	44

III. Das Haus

Allgemeines zum Thema: Hausen	47
Lage und Objekt	48
Preis und Haussuche	51
Renovieren? Selbermachen!	57
Was ein Haus können muss:	
Lagerung, Witterungsschutz, Lebensraum	60
Guter Raum ist benutzter Raum	64
Der Fluch alter Häuser: Feuchtigkeit!	68
Wasserleitungen	71
Unterhalt, Reparaturen und Modernisierungen	73
Heizen	75
Sanitäreinrichtungen	81

IV. In der Küche

Das Herz des Hauses – der Herd	84
Geschirr	87
Einbauküchen vs. Stückwerk	89
Küchenhelfer und Plagegeister	93
Spülen	97

V. Im Schlafzimmer

Des Menschen Ruhebett	100
Kleideraufbewahrung	102

VI. Im Kinderzimmer — 104

VII. Mobiliar – Unsere stillen Mitbewohner — 110

VIII. Körperpflege

Eingeseift	116
Angeschmiert	119
Haarig	121

IX. Kleidung

Notwendiges	124
Bezugsquellen für Kleidung	128
Material und Verarbeitung	129
Maschinelles Waschen	131

X. Essen

Speis und Trank	135
Der Leib ist nicht wählerisch, der Gaumen schon	137
Weniger Varianz, besserer Mix	140
Was wir essen und was es kostet	142
Wie ich zufällig Vegetarier wurde	145
Unser täglich Brot gib uns heute	147

XI. Mobilität

Das Deutschen liebstes Kind	151
Vom Reisen	155
Drahtige Esel	157
Roller, Mofas – das beste beider Welten?	159

XII. Das liebe Geld

Was ist ein Wert? Wie wird er bestimmt?	162
Fragen des Budgets	168
Versichert?	170
Statt Vermögen bilden, Erträge generieren oder Ausgaben reduzieren	173
Notgroschen	176
Buchführung	179
Bargeld oder Plastik?	181
Bank	182

Anstelle eines Nachworts... **184**

I. Über dieses Buch

Familien Willkommen!

Was ich an Literatur über das Aussteigen und alternative Wohnkonzepte gelesen habe, war zwar recht unterhaltsam und teilweise auch sehr inspirierend, doch wurde meist ein wesentlicher Aspekt ausgeklammert oder nur ungenügend beleuchtet: Ich bin nicht alleine. Ich kann nicht in einem Zelt leben und mich aus Mülltonnen ernähren. Ich kann nicht dem deutschen Winter entkommen, indem ich einfach mal nach Spanien trampe.

Ich habe eine Familie. Ein Weib und zwei Kinderlein – Familienplanung noch nicht abgeschlossen.

Das ist ein Problem, oder?

Wie viele andere, wollte ich irgendwie aus einem Leben aussteigen, das sich um das Verhältnis von Geld und Zeit dreht – Meine Lebenszeit, die ich für Geld eintausche, das ich für meine Familie benötige oder zu benötigen glaubte. Sinnvolle Ratschläge, wie man dieses unglückliche Verhältnis auflösen könnte, ohne sein Leben allzu radikal anzupassen, dazu habe ich indes nicht gefunden. Hier und dort mal ein Sprengel Weisheit, eine Idee, aber eben nichts Konkretes. Der beste Tipp lautete am Ende meist immer, einer alternativen Dorfgemeinde beizutreten. Schön. Aber ich habe keine Lust, einer solchen Gemeinschaft anzugehören. Ich unterwerfe mich nicht gerne Regeln, die andere gemacht haben. Lieber lebe ich nach meinen eigenen Neigungen. Außerdem genieße ich *etliche* jener so verwerflichen modernen Errungenschaften, die jene meist ökologisch geprägten Gemeinschaften grundsätzlich ablehnen, und möchte sie nicht missen.

Ich selbst bestimme über meinen Lebensstil, bin mein Eigner.

Mir blieb also nichts anderes übrig, als meinen Weg allein zu beschreiten. So bin ich *innerhalb* der Gesellschaft, in der ich lebe, ausgestiegen, habe also das frustrierende Gefüge von Zeit und Geld verlassen, ohne auf die besten Vorzüge einer hochentwickelten und arbeitsteiligen Zivilisation verzichten zu müssen. Das faszinierende an meinem Ausgestiegensein ist, dass ich nicht wirklich anders lebe, als meine Nachbarn. Ich habe ein Haus, ein Auto, trage normale Kleidung, esse normales Zeug, gehe im Supermarkt einkaufen etc. Der Unterschied ist, dass ich im Gegensatz zu meinen Nachbarn, fast immer zu Hause bin (auch meine Frau, auch meine Kinder) und lese, mit den Kleinen spiele, oder eben ein Büchlein wie dieses hier schreibe.

Der Trick ist, mit *möglichst wenig Geld, möglichst gut zu leben*. Das geht und ist im Übrigen auch gar nicht schwierig. Wenn man sich ein paar grundsätzliche Fehlschlüsse unserer Gegenwart bewusst macht und seine Gewohnheiten dementsprechend anpasst, kann man mit einem 400€ Job hervorragend und sehr selbstbestimmt leben.

Ich präzisiere: In meiner Familie arbeite nur ich 2-3 Stunden pro Werktag (im Lager, als Putzkraft oder was immer sich ergibt), zu etwa 10€ Stundenlohn, dazu kommt das Kindergeld. Unser gesamtes Familieneinkommen beträgt um die 750€. Manchmal verdiene ich als Erntehelfer oder Tagelöhner noch ein paar Euro dazu, aber das ist kaum der Rede wert – wir sprechen von keinen 100€ im Jahr.

750€ genügen uns reichlich.

Wir leben davon wirklich gut, haben ein Auto und ein Haus und was nicht alles noch.

Ihr bescheißt doch! Ihr kriegt doch was vom Staat! Oder habt geerbt! Gebt es doch zu!

Nein.

Wir nehmen keinerlei staatliche Hilfe in Anspruch – außer eben dem Kindergeld. Kein Wohngeld, keine Sozialhilfe, nichts.

Wir haben uns aber von der GEZ befreien lassen.

Wir haben keine Erbschaft gemacht und besitzen kein Vermögen.

Wir betteln nicht.

Wir erhalten keine Spenden.

Wir nehmen keine außerstaatlichen Hilfeleistungen wie die *Tafeln* oder die Caritas *Kleiderkammer* in Anspruch.

Wir haben allerdings 27.000€ aus der Zeit angespart, als meine Frau und ich noch beide arbeiteten. Damit haben wir ein Haus gekauft und renoviert.

Ich bin ausgestiegen, weil ich *frei* sein wollte. Wer die Hilfe anderer zu seinem Leben nötig hat, ist von eben jenen abhängig. Wer abhängig von einem Gehalt, einer Zuwendung oder gar der Barmherzigkeit seiner Mitmenschen ist, ist deren Sklave.

Ein Sklave ist das Gegenteil eines freien Menschen.

Und ja, auch auf das Kindergeld könnte ich verzichten, wenn es drauf ankäme. Dann müsste lediglich auch meine Frau zwei Stunden arbeiten gehen, was sie wohl bereitwillig täte, oder ich müsste einen Job finden, bei dem man mir 20€ pro Stunde gibt – als promovierter Akademiker halte ich das für durchaus möglich.

Akademiker? Und schaffst im Lager? Glaub ich nicht.

Ich habe bewusst die Arbeit gewählt, die mit der geringst möglichen Verantwortung und psychischen Beanspruchung einhergeht. So muss ich mich nicht über meine Kollegen und Vorgesetzten ärgern. Ich habe auch keine Angst, meine Stellung zu verlieren – ich glaube, ich würde eine vergleichbare Arbeit recht schnell wiederfinden. Karriereaussichten locken mich nicht. Mein Job ist beim Mittagstisch kein Thema – außer um Witze zu reißen.

Mein Vorarbeiter lässt mich in Ruhe – er weiß, wenn er mich anschnauzt, lache ich ihn aus oder gehe nach Hause. Soll er seine Kisten doch selbst schleppen! Ich such mir andere.

Für wen dieses Buch *nicht* ist

Ich möchte eine Erklärung darüber abgeben, warum ich dieses Buch *nicht* schreibe:

Ich bin kein Aussteiger, kein Selbstversorger, kein Weltverbesserer. Ich glaube nicht an die nahende Apokalypse. Ich bin kein Prepper. Ich bin keiner Ideologie Kind, bin unpolitisch und schere mich auch nicht um die allgemeine Meinung oder Fragen der Moral. Ich bin niemandes Richter, niemandes Hüter. Ich bin in der griechischen Urbedeutung des Wortes ein *Idiot*, also einer, der sich exklusiv um seine eigenen Angelegenheiten kümmert, einer, der mit den Augen eines Kindes nur das Offensichtliche und das Begreifliche, das...Nächstliegende sieht.

Ich bin kein Prophet. Ich habe keine Botschaft, die herauszuschreien, es mich drängt. Ich bin kein Lehrer. Frei bin ich und auf mich allein gestellt. Mein eigener Herr, da niemandes Knecht. Fragt man mich, so rate ich freimütig, wie ich mir selbst raten würde.

Ich bin auch nicht unzufrieden oder rastlos. Ich strebe nicht danach, Großes zu vollbringen; das Kleine ist mir genug. Ich strecke mich nicht nach verbotenen

Früchten; die Erlaubten machen mich reichlich satt. Der Horizont lockt mich nicht, die Erde unter meinen Füßen aber tut es. Ich fühle mich gut und sicher, wo ich stehe. Ich stehe fest. Ich bin, und ich sage das laut und deutlich, ein glücklicher Mann. Ich kämpfe um dieses Glück. Flüchtig ist es, anfechtbar. Sand, der einem durch die Finger rinnt...

Das Bestehende muss stets erneuert werden; das Glück, das mir in die Hände gelegt wurde, will festgehalten sein.

Ich halte es fest, so gut ich kann.

Um es kurz zu fassen: Ich bin kein Idealist, strebe aber gewisse Ideale an – nein, ich strebe sie nicht an, ich verwirkliche sie jeden Tag aufs Neue, denn ich bin... schon lange da, wo ich sein möchte. Ich habe meinem Leben mein eigenes Bildnis aufgeprägt. Und dieses Bildnis habe ich nach den Umständen meines Lebens gestaltet.

Dieses Buch, aus purer Lust und intellektuellem Ungestüm heraus geschrieben, ist ein Leitfaden, ein Ariadnefaden, der durch das uns einschließende Labyrinth dieser sonderbaren Welt führt, die wir die unsere nennen. Ein Leitfaden für ein einfaches, glückliches, zufriedenes und erfülltes Leben. Es ist ein

Ratgeber voller persönlicher Einschätzungen, Vorurteile und Ungerechtigkeiten. Es ist kein Dogma.

Es ist praktisch, voller Erfahrungen und Perspektiven, die zu teilen, ich wert erachte. Wer aber eine Handlungsanweisung sucht, wie man sich beispielsweise aus seinem Garten ernähren oder einen Ofen installieren kann, der wird enttäuscht sein.

Ich habe nämlich zwei linke Hände, kann keinen geraden Strich ziehen, geschweige denn ein Werkzeug auch nur im Ansatz professionell bedienen. Natürlich habe ich Häuser renoviert, Elektrik und Wassersysteme verlegt, Wände verputzt und so weiter. Alles, was ich getan habe, hat funktioniert. War es – in einem wohlverstanden „modernen" Sinn – schön, akkurat, bündig, gerade, rechtwinklig? Nein, gewiss nicht. War es günstig? Sehr. Hat es gehalten? Ja. Hat es seinen Zweck erfüllt? Immer. Bin ich deswegen befähigt, handwerkliche Tipps zu geben, bzw. würde ich mich selber fragen, wie man dies und jenes macht? Nun, lieber nicht.

Ich könnte wohl auf mich selbst gestellt überleben, habe aber keine große Lust dazu. Ich sehe auch keinen Sinn in exzessivem Eigenbrödlertum oder einer Rückkehr ins krude Mittelalter, wovon viele weltfremde Weltverbesserer (bezeichnenderweise) im Internet schwadronieren. Ich habe in kalten Häusern ohne fließend Wasser gelebt und manchen Winter bitterlich gefroren. Ich habe auch gehungert – nicht aus Not, sondern aus Faulheit. Solche Erfahrungen machen in vielerlei Hinsicht weise. Man erkennt sich selbst und merkt, worauf es im Leben ankommt.

Ich bin, um es abzuschließen, kein Feind von Technologie. Allerdings setze ich sie nur in Maßen ein und nur dort, wo der Nutzen über dem Aufwand ihrer Beschaffung und ihres Unterhalts steht. Als mir einmal mein Handy abhanden gekommen ist, habe ich es aus purer Bequemlichkeit und Geiz nicht mehr ersetzt. Ich habe diesen Verlust indes verkraftet, ich... habe ihn überlebt.

Alles, was ich vom Leben erwarte ist: Freiheit, Glück, Zufriedenheit, Gesundheit, Frieden und ein bisschen Spaß und Freude.

Wenn der geneigte Leser sich in diesem Bekenntnis wiederfindet, wenn er aus tiefstem Herzen nichts anderes will, als sein kleines bisschen Leben glücklich und frei zu verbringen, dann ist er hier richtig.

II. Denkfundamente – die Wirklichkeit als Perspektive

(ein wenig Theorie muss dann doch sein)

Das rechte Maß

Die Alten lehren: Maß halten. Welches Maß? Das rechte Maß! Was ist das rechte Maß? Dasjenige, das man in einem Zustand naiver Glückseligkeit anlegt – das ist dein rechtes Maß, das ist mein rechtes Maß.

Man kann nicht zu viel über sein Leben nachdenken, nur zu wenig. Ich denke viel nach. Ich opfere dieser Tätigkeit etliche Stunden. Ich denke über alles und jeden nach. Ich erforsche meine Gefühle, gehe bis an die Wurzeln jeder Empfindung, rationalisiere und verbalisiere Stimmungen und Eindrücke. Ich bringe mir mich selbst und mein Leben zu Bewusstsein. Ich erkenne mich selbst, wie der Türbalken zum delphischen Orakel es anmahnt. Nichts entgeht meinem argwöhnischen Blick. Ich belauere mich und was mich angeht. Vor allem aber, wenn mich etwas ärgert, wird es der strengsten Prüfung unterzogen.

Als ich mein Handy verloren habe, war ich verstimmt. Und der erste Reflex war, dieses Werkzeug zu ersetzen. Doch das hätte Geld gekostet und eine Fahrt in die Stadt, bzw. eine Recherche im Internet nach dem passenden Produkt bedeutet. Ein-zwei gute Stunden, dazu der Stress. In Anbetracht der Kürze meines

Lebens ein geradezu waghalsiges Unterfangen, eine vielleicht irrsinnige Verschwendung. Zeit mit Unerfreulichem vergeuden? Lieber nicht. Ich dachte also darüber nach. Wozu brauche ich dieses Werkzeug? Um unterwegs mit anderen reden zu können. Um im Notfall Hilfe zu rufen. Um erreichbar zu sein. Nun, unterwegs angerufen zu werden, empfinde ich meist als lästig – auch ist die Qualität der Telefonate meist nicht sehr erbaulich. Wo bist du gerade? Na hier, wo soll ich schon sein? Zu kurzatmig also der aus seiner Rastlosigkeit Aufgeschreckte und mit Anderem Befasste. Und um Hilfe zu rufen hatte ich gottlob noch nie nötig. Ich stelle mir aber vor, dass in einem dicht besiedeltem und hochtechnisierten Land wie Deutschland ein hilfreicher Mensch praktisch an jeder Ecke und hinter jeder Türe zu finden ist. Ja, so ist es ganz gewiss. Auch wenn einem medial suggeriert wird, man wäre eigentlich nur von mörderischen Bestien, Perversen, Betrügern und Terroristen umgeben – die Wahrheit ist, dass der bei weitem größte Teil <u>aller</u> Menschen ihren Mitmenschen gegenüber grundsätzlich wohlwollend und freundlich gesinnt sind. In der Not wird einem also auch ohne Handy schnell geholfen werden, wenn man nur um Hilfe bittet, gleich wie der geneigte Leser dieses Buches natürlich selbst jederzeit seinen Mitmenschen, gleich welcher Schicht sie angehören, gleich welcher Religion oder Hautfarbe sie sind, hilfreich zur Seite stehen wird – jedes andere Verhalten wäre tatsächlich bestialisch und *unmenschlich*.

Ich folgerte also: Weder die Investition an Zeit noch an materiellen Ressourcen rechtfertigen die Wiederbeschaffung eines Mobiltelefons. So befreie ich mich von diesem für mich unnützen Werkzeug, indem ich seine Überflüssigkeit in meinem Lebenskonzept begriffen habe – ich habe das rechte Maß, *mein* rechtes Maß in dieser Sache gefunden. Wäre ich viel unterwegs oder genösse angerufen zu werden – mein Urteil wäre zweifellos anders ausgefallen.

Woran erkennt man also das rechte Maß? Gibt es eine Art goldene Regel? Wie überwindet man die stimmungs- und situationsbedingten Schwankungen der eigenen Meinung?

Nun es gibt einen Trick, den ich recht erfolgreich benutze. Jeder kennt das: Hungrig soll man nicht einkaufen gehen, weil die Erfüllung des Gelüstes vom eigentlich Notwendigen ablenkt. So soll man auch aus einer Notlage heraus nicht entscheiden. Angst,

Unwohlsein, Sorge – das sind alles schlechte Ratgeber. Auch Zeitdruck vernebelt die Sicht. Auch die Meinung der Anderen, das Diktat des Man – so umschreibt es M. Heidegger – sind für mich wenig hilfreich. Man tut dies, man tut jenes... Warum, wenn ich fragen darf? Weil man das eben so tut, weil man es immer so getan hat, weil es konventionell ist, allgemein zustimmungsfähig. Aber ist dieses sonderbare Maß des Man auch das rechte Maß für...mich?

Ich strukturiere meine Entscheidungen wie folgt:

1. Entscheide und urteile über Dinge, wenn sie dich am Wenigsten kümmern (zum Beispiels in der Sonne dösend). Schreib den Einkaufszettel, wenn du satt, über-satt bist.

2. Überlege bei Anschaffungen, wie es wäre, wenn du besagtes Produkt nicht erwerben würdest oder könntest, oder was du tun würdest, wenn sein Preis verdoppelt wäre oder wie seine Unverfügbarkeit dein Leben beeinflussen würde. So lernt man an den Dingen das Wesentliche zu sehen.

Spielen wir es einmal durch:

Nehmen wir als Beispiel das Auto und nehmen wir an, es kommt nicht durch den TÜV oder nehmen wir an, es ist in einem Fluss versunken und irreparabel beschädigt. Ersatz muss her! Oder?

Was wäre, wenn ich kein neues Automobil erwerben könnte? Welche Rolle spielt ein Kfz in meinem Leben, welche Funktion erfüllt es, welchen Nutzen besitzt es, welche Nachteile bringt es mit sich? Wie wäre mein Alltag, wenn es so etwas wie ein Auto nicht gäbe?

Einige Gedanken von mir:

Zum Nutzen: Ich brauche mein Auto um zur Arbeit zu kommen und den wöchentlichen Großeinkauf zu erledigen. Auch für Ausflüge wird es gerne und häufig genutzt.

Nachteile: Mein Auto erfordert ein gewisses Maß an Zeit und Zuwendung. Es kostet mich zudem bares Geld. 100-150€ pro Monat (Reparaturen, Wartung, Sprit, Steuern etc., ohne Anschaffungskosten!) – in meinem Fall (wir leben zu viert von insgesamt 750€ im Monat <u>alles</u> inklusive) eine signifikante Summe.

Wenn der Unterhalt des Wagens das Doppelte, also sagen wir 200-300€ betragen würden, würde ich mir dieses Luxus dann noch leisten? Sicher nicht.

Was wäre, wenn ich kein Auto besäße? Zur Arbeit würde ich dann den Bus nehmen oder eine Fahrgemeinschaft ins Leben rufen. Ich würde mich den Möglichkeiten *anpassen*. Den wöchentlichen Großeinkauf würde ich ausfallen lassen, um stattdessen zwei- oder dreitägig den Discounter in meiner Nähe aufzusuchen. Ich würde meine Essgewohnheiten, dem dortigen Warensortiment *anpassen*. Aus dem automobilen Ausflügen würden lokale Wanderungen werden – in die Felder, in den nahen Wald oder Park, zum Spiel- oder Marktplatz. Auch hier würde ich mich *anpassen*.

Ich resümiere: Brauche ich ein Auto? Nun, nein. Will ich eines haben? Gerne. Kann ich eines besitzen? Mit meinem Budget ist das kein Problem! Mit meinem Budget kann ich nämlich nicht nur überleben, sondern mir sogar so einen beträchtlichen und unerhörten Luxus wie ein eigenes Auto erlauben! Wie das geht? Darum geht es in diesem Buch.

Was will ich, was brauche ich, was kann ich mir leisten?

Im Kfz-Beispiel habe ich bereits zwei Prinzipien angewandt, mit denen ich das rechte Maß im Bezug auf Einzelentscheidungen finde.

1. *Anpassen* an das Gegebene.
2. Das Notwendige *erkennen*.

Notwendig ist, was ich brauche, um mein Leben aufrecht zu erhalten. Brechen wir unsere Existenz auf die grundlegenden Bedürfnisse herunter, so benötigen wir erschreckend wenig.
Nahrung, Kleidung, Unterkunft, soziale Interaktion.
Ein in Lumpen gekleideter Obdachloser, der ein halbes Sandwich aus dem Müll gezogen hat und in einer U-Bahnstation mit einem Leidensgenossen schwatzt, hat sämtliche überlebensrelevanten Bedürfnisse gestillt. Nun will ich aber nicht unbedingt so leben wie er. Ich habe ja andere Bedürfnisse!
Nein, habe ich nicht. Hier liegt der Fehler. Genau an dieser Stelle. Wir meinen, die Befriedigung der

Grundbedürfnisse genüge nicht, um ein glückliches Leben zu führen. Man muss sich dazu noch selbst verwirklichen (was auch immer das bedeuten mag), muss anerkannt, respektiert werden (von wem eigentlich?) muss ein großes Auto, ein luxuriöses Haus, Markenklamotten etc. besitzen.

Unsinn. Chimären, Dämonen! Besser man treibt sie aus, bevor sie einen umtreiben. Besser, man besinnt sich auf sich Selbst.

Man verwirklicht sich in jedem Augenblick seines Lebens. Mehr als existieren muss und kann man nicht. Anerkennung? Wer die Anerkennung der Anderen braucht, der verachtet sich offensichtlich selbst, hält sich für gering. Wer sich aber selbst anerkennt, der gibt auf die Meinung der Anderen nichts mehr, der ist sich selbst genug.

Um glücklich zu leben, muss man nicht zusätzliche, sozialisierte und daher aufgebürdete und meist eitle Bedürfnisse befriedigen, sondern nur lernen, sich mit dem Notwendigen zufrieden zu geben. Erst wenn das Fundamentalste stimmt, kann man nach Anderem streben.

Vielen Menschen gelingt aber nicht einmal das. Sie haben Jobs, die sie unglücklich oder krank machen. Sie sehen ihre Familie, ihre Kinder nur abends und am Wochenende. Manchmal haben sie überhaupt keine Kinder, sagen, sie könnten sich keine leisten! In Deutschland, wo, im Gegensatz zu anderen Teilen der Welt, wirklich niemand frieren und hungern muss, eine zynischen Behauptung! Sie essen schlecht. Sie leben in kleinen oder lauten oder kleinen und lauten Wohnungen. Sie unterwerfen sich dem Urteil irgendwelcher Menschen, die sie nicht kennen oder die selbst an ihrer Existenz leiden. Ihr Alltag frisst sie auf...

Dabei wäre ein einfacher, bewusster Lebensstil, der zunächst nur auf die Befriedigung der Grundbedürfnisse abzielt, so viel besser für die allermeisten Menschen. Und die fast zwangsläufige Überfüllung dieser Grundbedürfnisse, mit der wir in einem reichen und sicheren Land wie Deutschland rechnen müssen, würde uns bald mit Staunen und Freude in Anbetracht all der Privilegien erfüllen, die uns praktisch *geschenkt* werden.

In Deutschland muss niemand verhungern, niemand muss im Freien schlafen, niemand muss nackt sein, niemand muss alleine bleiben, niemand wird Opfer staatlicher Gewalt, niemand wird ohne Grund seiner Freiheit beraubt. Stattdessen können wir aus vielfältigen Speisen wählen. Wir teilen unsere Wohnung normalerweise nicht mit ein oder zwei anderen Familien. Hocken auch nicht zu acht in der Stube. Haben sogar mehrere Wohnräume zur Verfügung, Sanitäreinrichtungen und eine Küche. Wir können über ein erstaunliches Sortiment an Kleidern verfügen, sind sogar in der bevorzugten Lage uns wintertaugliche Kleidung und Schuhwerk zuzulegen. Und wenn es uns an etwas mangelt, gibt es tausend Hilfsangebote, staatliche und private, und das, obwohl man diese Angebote nicht einmal nötig hat. Ein Wunderland, in dem zu leben wir privilegiert sind. Ein Land, in dem ein Mensch, dem es nur auf das Wesentliche, das Notwendige ankommt, zu jeder Zeit mit Überfülle und Luxus konfrontiert wird. Ein Land, in dem man gehen kann, wohin man will, sagen, was man denkt. Ein Land, in dem ein freies Leben möglich ist, wenn man es nur will.

Ich zähle zum Beweis meiner kleinen Polemik nur Einiges von dem auf, was ich besitze, ohne es wirklich zu brauchen: Eine mehrtausendbändige Bibliothek großartiger Literatur, meist gebraucht gekauft oder geschenkt bekommen. Einen Laptop – gebraucht gekauft. Jedes Mitglied meiner Familie hat ein eigenes

Zimmer, ein eigenes Bett. Jedes Zimmer ist beheizbar. Mein Haus ist abbezahlt. Ich verfüge über ca. 60 (!) Kleidungstücke, darunter vier Hosen, fünf Hemden, drei Pullover, zwei Jacken, fünf paar Socken, drei paar Schuhe etc. – alles (bis auf die Unterwäsche) gebraucht gekauft, alles beste Qualität. Ich besitze ein Auto – einen Kleinwagen zwar mit 200.000km und aus vierter Hand – aber mit CD-Spieler!

Bin ich nicht ein reicher Mann? Wer kann meinen materiellen Überfluss bestreiten? Mir selbst, und das sage ich ohne jede Ironie, schwindelt im Angesicht des Reichtums, der sich auf meine Person konzentriert hat, ohne dass ich ihn besonders mühevoll erwerben musste. Ich nehme nur, was andere nicht mehr wollen und kann – so arrogant, so dumm bin ich – nicht verstehen, warum bei all dieser absurden Überfülle, nicht jedem Mensch auf diesem Planeten zumindest das *Nötigste* zur Verfügung gestellt werden kann...

Anpassen an Gegebenes

Survival of the fittest – so heißt es bei Darwin, so lautet die Gesetzmäßigkeit, nach der sich Entwicklung, Evolution, vollzieht. Das Überleben der *Angepasstesten*.

Wir haben verlernt, uns anzupassen. Was für unsere Vorväter noch natürlich war, erscheint uns heute in Anbetracht unseres technologischen Potenzials, archaisch und rückständig, nämlich: Mit dem auszukommen, was leicht verfügbar ist, d.h. sich an die *Gegebenheiten anpassen*.

Stattdessen glauben wir, wir könnten die Gegebenheiten immer an unsere Bedürfnisse anpassen. Und dies nicht einmal an die Grundbedürfnisse, sondern vor allem an die erlernten, die chimärenhaften, die fantastischen, die irrealen. Das letzteres mit Notwendigkeit zur Katastrophe führen wird, ist wohl auch dem Dümmsten mittlerweile aufgegangen. Unser Planet ist begrenzt – unsere Wünsche (und ja: auch unsere Ignoranz, unsere Unbescheidenheit, unser Größenwahn) unbegrenzt. Ich verbiete mir an dieser Stelle das weitere Polemisieren, denn jeder, der Augen hat, zu sehen, der *sieht*.

Stattdessen werde ich kurz erläutern, wie effizient die Anpassung an die Gegebenheiten im Gegensatz zu deren Anpassung an unsere Bedürfnisse ist, ohne dabei zu verschweigen, dass beides beizeiten nötig ist.

Um Land urbar zu machen, um aus Wald Ackerboden zu gewinnen, muss das bestehende Terrain verändert werden. Jeder sieht das ein, jeder versteht, warum wir in diesem Fall unsere Umwelt anpassen müssen. Doch wie schwer, wie langwierig ist dieser Prozess! Jahrhunderte und ungezählte Mühen ungezählter Menschen kostete es, das wilde Germanien, von dem Tacitus noch als einem fast durchgehend bewaldeten und gänzlich unwirtlich Gebiet spricht, urbar zu machen.

Wie leicht ist es dagegen, Bedürfnisse aus dem Vorhandenen zu befriedigen. Man lebt beispielsweise in der Nähe eines Waldes. Man benötigt Baumaterial, Feuerholz, will sich einen Tisch, einen Stuhl zimmern – siehe: alles im Überfluss vorhanden! Eine Axt, ein Wagen, ein paar Schritte und schon hat man alles beisammen, um sich Behausung, Mobiliar und Wärme zu erschaffen.

Die Anpassung an das Gegebene ist deutlich einfacher als die Anpassung des Gegebenen – dieses Prinzip auf die Gestaltung des eigenen Lebens angewandt, hilft, dieses immens zu vereinfachen und unglaublich zu bereichern.

Ein Beispiel aus meinem Alltag. Wir *benötigten* Unterkunft. Wir *wollten* neben ausreichendem Wohnraum auch ein Gärtchen für die Kinder. Wir *konnten* und *wollten* uns nicht viel leisten, *konnten* und *wollten nur um unser* Geld kaufen, also mit dem arbeiten, was faktisch verfügbar war.

Wir endeten in einer Vorstadtgemeinde, deren Zentrum im Verfall begriffen war, während an ihren Rändern wie Krebsgeschwüre die Neubaugebiete empor wucherten. Irrsinn. Auf der einen Seite günstiger bzw. günstig herzurichtender Wohnraum, der leer steht, auf der anderen Seite immens kostenintensive Neubauprojekte! Ein kleines Haus wurde es also, mit einem kleinen Garten, einem kleinen Hof, einer Scheune dabei. Jeder hat sein Zimmer. Darüber hinaus gibt es zwei Wohnräume. Eines der zwei Bäder und eine der zwei Küchen habe ich zurück gebaut – wir brauchen nämlich nur *ein* Bad und *eine* Küche. Die Renovierung erfolgte nach folgenden Überlegungen:

Was nicht kaputt war, wurde nicht ersetzt.

Was schadhaft war, wurde repariert.

Was irreparabel beschädigt war, wurde durch etwas Gebrauchtes (so es verfügbar war) ersetzt.

War der Schaden nur optischer Natur, wurde er erst einmal ignoriert.

Nur im äußersten Notfall wurde etwas neu angeschafft.

Alles was funktionierte, wurde belassen wie es war.

Was nicht gefiel und ohne großen Kostenaufwand verändert werden *konnte* (Tapeten, Bodenbeläge – kann selbst ich machen), wurde auch verändert.

Was nicht gefiel, und *nicht* ohne großen Kostenaufwand verändert werden konnte (in unserem Fall die 70er-Jahre Zimmertüren) wurde belassen. Wir haben uns den erdfarbenen Rechtecken aus feinstem Pressspan schlicht angepasst und…überlebt.

Das Geld, das ich nicht ausgebe, muss ich nicht verdienen

Bislang haben wir uns mit Einzelentscheidungen beschäftigt. Die Grundlage jeder Einzelentscheidung ist aber der gewählte Lebensstil. Wenn ich mich entschieden haben, möglichst ökologisch zu Leben, dann ist beispielsweise die Frage, ob ich Billigfleisch vom Discounter kaufe, bereits entschieden. Wenn ich mich als Selbstversorger durchschlagen will, muss ich mir nicht überlegen, wo ich kostengünstig Gemüse einkaufe. Dann sind andere Dinge wichtig, Anderes wird entschieden, das ist ganz klar.

Um herauszufinden welches Maß grundsätzlich das richtige für mich ist und welches die Eckpfeiler meiner Entscheidungsarchitektur sind oder seinen sollen, muss ich mir zuerst die Frage beantworten, was für mich das wichtigsten im Leben ist. Welche Ziele, welche Zustände möchte ich verwirklichen? Auch hier werde ich mich jeder ethischen Beurteilung enthalten. Ich bin, wie gesagt, kein Weltverbesserer und keiner Ideologie Kind. Jeder ist sich selbst der Nächste und wenn jeder lernen nur würde, mit seinem Stück des Kuchens zufrieden zu sein, bzw. sich in den Gegebenheiten seiner Existenz einzurichten, wäre wohl am Ende allen gedient. Ich beneide nicht den Reichen, den Fleißigen, den Schönen, den Beliebten. Ich bedauere sie sogar. Mit niemanden möchte ich tauschen, denn für mich habe ich das rechte Maß gefunden und daher ist mein Lebensglück... maßlos.

Für mich ist *Freiheit* das wichtigste. Freiheit von Zwängen sowie die Freiheit zu tun, was mir behagt. Ich liebe nicht die Sklavenarbeit, bin faul und stolz dazu. Ich liebe nicht das Geld. Ich finde es lästig. Ich ehre es nicht. Ich missbrauche es zu meinen Zwecken, gebe es aus, sobald es mir unter die Hände gerät; ich laufe ihm nicht mehr nach, als unbedingt nötig. Daher habe ich gelernt mit wenig zurecht zukommen. Ganz ohne Gelderwerb geht es auch bei mir nicht, aber ich halte den Aufwand an Zeit und Mühe so gering wie möglich. Mit zwei- drei Stunden pro Werktag ernähre und erhalte ich vier Köpfe. Meine Frau ist zu Hause und wirtschaftet. Ihrer Sorge um unser Hauswesen ist es zu verdanken, warum ich nur das Nötigste verdienen muss. Ich verstehe nicht, warum heutzutage so häufig beide Eheleute Arbeiten gehen. Die Neubausiedlungen gleichen des Tags Geisterstädten. Da sieht man schmucke Häuser und gepflegte Gärten mit Schaukel und Sandkasten darin – verwaist. Keine Kinder, nirgends. Was soll das? Wo sind diese Menschen? Sie arbeiten, um Geld zu verdienen, um sich einen teuren Neubau, zwei Autos, und einen Urlaub zu leisten. Den Urlaub haben sie nötig, um nicht völlig die Fühlung miteinander und zu sich selbst zu verlieren. Wann sieht man sich denn sonst? Abends, wenn alle, Eltern und Kinder, müde und entnervt nach Hause kommen. Bleiben ja noch die Wochenenden, wenn man nicht gerade am Haus werken oder aufarbeiten muss, was an Hausarbeit liegen geblieben ist. Die beiden neuen Autos im schicken Carport entspringen dem Bedürfnis, den Nachbarn unterschwellig anzuzeigen, dass man sich das leisten kann. Und das teuer erbaute Haus und der glatt rasierte Rasen dahinter– nutzloser Tand, weil meist ungenutzt, leer, tot.

Ich bin gerne daheim, lese viel, schreibe, spiele mit den Kindern, helfe meiner Frau im Haushalt. Ich bin beschäftigt. Ich hätte kein Zeit sieben-acht Stunden pro Tag außer Haus zu sein. Außerdem kostet Werktätigkeit Geld, viel Geld – man darf das nicht unterschätzen. Die Nähe zum Arbeitsplatz muss oft mit erhöhten Wohnkosten bezahlt werden. Die andauernde Mobilität muss sichergestellt werden, auch das kostet. Man geht mittags auswärts essen, man muss entsprechende Kleidung anschaffen. Auch neigt man dazu, mehr Geld für regenerative Maßnahme, wie Urlaub oder Ausgehen auszugeben. Ich habe seit sieben Jahren keinen Urlaub nötig gehabt! Keinen einzigen Tag. Ob ich Lust hätte mal zwei Wochen in einem Hotel am Strand zu verbringen? Gott bewahre! Mein geruhsames Leben geht mir vor!

Wer wie ich, wenig für andere und viel für sich selbst leben will, muss lernen mit seinen Ressourcen auszukommen. Wer zudem, wie ich, auf gewissen Luxus und Wohlleben nicht verzichten möchte, sollte in der Lage sein, seinen Euro nicht drei, sondern zehnmal um zudrehen. Denn das Geld, das ich nicht ausgebe, muss ich nicht verdienen. Man muss sein Denken verändern. Die Perspektive allein unterscheidet den Armen vom Reichen, den Glücklichen, vom Unglücklichen. Ein Obdachloser, der eine unversehrte Semmel findet, freut sich, der Reiche ekelt sich – die Semmel bleibt die Gleiche.

Seneca hat einmal von einem sehr wohlhabenden Schlemmer erzählt, einem zigfachen Milliardär. Jedes Mahl ließ er sich 1 Million Sesterzen kosten. Er prasste mit seinem Geld, ließ sich die erlesensten Speisen kommen und sie von den besten Köchen der Welt zubereiten. Als sein Verwalter ihm mitteilte, dass sein Vermögen auf zehn Millionen – immer noch ein riesengroßer Betrag – geschrumpft war, nahm er sich aus lauter Verzweiflung das Leben. Ohne seine üppigen Feste glaubte er, nicht glücklich sein zu können.

Ich lebe also nach dem Grundsatz: Was ich nicht ausgebe, muss ich nicht verdienen. *Ich passe mich meinen Bedürfnissen an, nicht meinen Wünschen. Jene sind leicht zu befriedigen, diese aber auch bei mir grenzenlos.*

Man muss lernen Möglichkeiten und Chancen wahrzunehmen. Mit dem Blick des Idioten urteilen, das eigene Maß anlegen, sich den Umständen anpassen – das sind die Bedingungen eines freien, leichten und sorgenlosen Lebens.

Die beste Note...

… ist die Vier. Ausreichend. Denn sie beweist die überragende Fähigkeit des Schülers, die perfekte Balance zwischen dem Lernaufwand und dem Ziel, die Prüfung zu bestehen, hergestellt zu haben. Ich hatte die Abiturnote 3,6 – ich habe meine Sache sehr gut gemacht, auch wenn mir die versammelte Lehrerschaft beizeiten Gegenteiliges einzureden versuchte. In diesem Fall wusste ich es besser.

Das Geld, das ich ausgebe, muss ein Vielfaches seines Wertes erbringen

Investiert man, d.h. tauscht Geld in Güter um, muss sich die Sache auch lohnen. Ein Geschäft ist lohnend, wenn das zu befriedigende Bedürfnis möglichst <u>langfristig</u> und <u>nachhaltig</u> und <u>vollkommen</u> erfüllt wird. Wir bedienen uns zur Verdeutlichung des allgegenwärtigen Beispiels eines Kfz.

Langfristig bedeutet, dass eine Sache lange hält, bzw. ihre Wirkung lange anhält.

Ein Auto, das ich dreißig Jahre und länger fahren kann, das 300.000km und mehr läuft, ist im Hinblick auf seine Langfristigkeit eine gute Investition.

Nachhaltig bedeutet, dass eine Sache unterhaltsarm, am besten unterhaltsfrei ist, bzw. dass ihre Wirkung oder Wirksamkeit über die Zeit nicht oder nur sehr wenig nachlässt.

Ein Auto, bei dem nur Verschleißteile oder kleine Reparaturen im Verhältnis zu seiner Nutzungsdauer und -intensität anfallen, das sparsam im Verbrauch, günstig in Versicherung und Besteuerung ist, ist eine nachhaltige Investition.

Ein Bedürfnis wird möglichst vollkommen befriedigt, wenn die Sache ihre intendierte Funktion erfüllt.

In unserem Fall fährt das Auto, wohin wir wollen, hat keine Pannen, springt immer an etc. – erfüllt also unser Bedürfnis nach Mobilität.

Jede Investition, vor allem aber die größeren Anschaffungen, müssen auf diese drei Aspekte hin untersucht werden. Wird einer dieser Aspekte verfehlt, lohnt die Investition nicht, bzw. müssen Alternativen gefunden werden.

Stellt man sich die Kfz-Frage unter dem Gesichtspunkt der Mobilität und in Hinblick auf die genannten drei Kriterien müsste man nach längerem oder kürzerem Nachdenken zum Ergebnis kommen, dass recht häufig das Fahrrad oder der Motorroller im Nahbereich, der Fernbus bzw. die Bahn (nur mit Wochenendtickets etc.) im Fernbereich die besseren Alternative sind.

Aber jetzt genug mit der Theorie, gehen wir in media res, denn

das gute Leben...beginnt jetzt

III. Das Haus

Allgemeines zum Thema: Hausen

Im Regen genügt ein Unterstand, im Winter ein Erdloch und ein Öfelchen, vor sengender Sonne beschirmt das Blattwerk eines Baums, Kühlung verschafft ein fröhlich rauschender Bach. Es braucht nicht viel zum Überleben, zum nachhaltigen und langfristigen Wohlleben aber braucht man Einiges mehr.

Ich verbringe einen Großteil meiner Zeit zu Hause. Daher soll es dort schön und behaglich sein. Auch wohngesund, großzügig, optisch ansprechend will ich mein Umfeld. Ich strebe das Maximum an Komfort für ein Minimum an Aufwand und Kosten an. Meine Behausung muss zudem billig im Unterhalt sein. Ich will mein Eigentum genießen, nicht dafür malochen, will Nutzen haben, keine oder möglichst wenig Mühe. Die Bilanz von Aufwand und Profit muss gehörig stimmen! In dieser Sache dulde nur schwarze, tiefschwarze Zahlen.

Lage und Objekt

Für mich ist aus verschiedenen Gründen, die Nähe zu einer mittelgroßen Stadt von Vorteil. Zum einen muss ich ja ein wenig Geld verdienen, da bietet der urbane Raum deutlich bessere Möglichkeiten, zum anderen gibt es, wo viele Menschen sind, auch viele nützliche Dinge, die diese partout nicht mehr haben wollen, für die ich aber Verwendung habe. Außerdem besuche ich gerne Ausstellungen und Museen, auch Konzerte von Zeit zu Zeit – das Kulturelle spielt für mein Wohlleben eine große Rolle. Schließlich ist eine gute Schule für meine Kinder und die sonstige Infrastruktur, wie Einkaufsmöglichkeiten, Ärzte etc. zu beachten.

Ist die Stadt zu groß, zu unübersichtlich, gefällt sie mir auch nicht. Ideal sind für mich Ortschaften ab 20.000 – 150.000 Bewohner.

In der Stadt selbst lebt es sich meist hässlich, eng, laut. Die Luft ist schlecht, die Wohnungen klein, die Mieten hoch, von den Preisen, die beim Erwerb eines Hauses mit Kleinstgrundstück in ruhiger Lage zu zahlen sind, ganz zu schweigen.

Mieten ist keine Option für mich. Der monatlich

anfallende Zins muss monetär erbracht werden, was eine bedeutende finanzielle Belastung darstellt. Eine Eigentumswohnung ist kaum besser. Das Hausgeld ist hoch und ich habe aufgrund der Gemeinschaftseigentumssituation kaum Möglichkeiten einzugreifen. Zudem unterliege ich den Unwägbarkeiten plötzlicher Sonderumlagen. Wenn meine Miteigentümer beschließen, beispielsweise die Fassade zu dämmen, muss auch ich bezahlen. Dazu kommen Verwaltungsgebühren und Rücklagenbildung, Versicherungen, Hausmeister etc. Wenn man nicht unbedingt letzterer in einer Wohngemeinschaft sein kann, d.h. dafür bezahlt wird, das eigene Eigentum in Ordnung zu halten, lohnt sich der Einkauf in eine Eigentümergemeinschaft kaum.

Es bleibt also das Einfamilienhaus – freistehend, mit ausreichend Grund. 300qm, wie bei vielen Neubauprojekten Standard sind, sind mir zu wenig. Meine Kinder brauchen Auslauf und meine Frau gärtnert gerne. Ist das Grundstück aber zu groß, bringt es auch Mühen mit sich. Man muss sich darum kümmern, den Baumbestand pflegen, Rasenmähen usw. Die optimale Grundstücksgröße liegt meines Erachtens zwischen 450 – 800qm.

Stadtnähe, bezahlbare Preise und passende Grundstückgrößen finden sich nur auf dem Land. Es gibt Speckgürtel um Städte. Je näher die Ortschaften an der City liegen, desto höher sind die Preise. Ideal ist es, sich knapp hinter der Grenze dieses Speckgürtels anzusiedeln – also in jenen Gemeinden, die von Bevölkerungsschwund und Landflucht geplagt sind. Man muss dafür zwar 20 Minuten Fahrtzeit bis ins (hoffentlich) pulsierende Zentrum in Kauf nehmen, aber mehr wird es bei Städten um die 100.000 Einwohner dann auch kaum werden.

Fassen wir zusammen:

Ein Haus von ausreichender Größe, angenehmer Beschaffenheit, günstig im Unterhalt, mit großem Grundstück in relativer Nähe einer mittelgroßen Stadt.

Wie komme ich nun an diese Immobilie (wenn ich sie nicht gerade geerbt habe), wie bezahle ich sie (mit sehr wenig Geld)?

Preis und Haussuche

Für den Einzelnen kann es eine Option sein, in einem Gartenhäuschen oder einem modifizierten Bauwagen (wie Peter Lustig!), einem Ferienhaus oder dergleichen zu leben, sofern das rechtlich möglich ist. Oft liegen solche Schrebergartensiedlungen in relativer Stadtnähe oder sehr idyllisch in die Natur eingebettet. Diese Häuser verfügen oft über Strom, seltener über Telefon, selten über Wasser und fast nie über einen Kanalanschluss. Was das Wasser angeht: Ein findiger Mensch kann sich einige Kanister abfüllen oder eine Zisterne anlegen. Auch eine Trockentoilette spart Wasser: Ein wenig Sand in einem Eimer ausreichender Dimensionierung, gespült wird mit Sand oder Sägespänen, die Toilette entleert man auf den Kompost oder vergräbt die gesammelten Werke einfach im Garten. Für das kleine Geschäft dürfen beide Geschlechter zu jeder Jahreszeit den nahen Baum oder ein blickdichtes Gebüsch aufsuchen. Das Handy ersetzt das stationäre Telefon, ein UMTS-Stick das Internet, eine Antenne oder Satellitenschüssel den Kabelanschluss, wenn man noch zu jenen gehört, die ein Fernsehgerät benutzen möchten. Fehlt der Strom kann man mit kleinen Solarzellen und Batterien arbeiten – sie genügen für Laptop, Waschmaschine etc. Herd und Kühlschrank kann man mit Gasflaschen betreiben, geheizt wird mit Holz.

Viele Gartenhäuschen sind ganzjährig bewohnbar und massiv gebaut. Ein Ofen genügt, die begrenzte Wohnfläche zu beheizen. Gartengrundstücke sind oft vergleichsweise billig zu erwerben oder langjährig zu pachten.

Zwar darf man dort keinen festen Wohnsitz anmelden – das muss anderswo geschehen –, doch glaube ich nicht, dass einem jemand verbieten kann, sich ganzjährig auf seinem Eigentum aufzuhalten und ich kenne einige Personen, jung und alt, die dies auch tun. Eine diskret eingeholte Auskunft beim zuständigen Baumamt schafft rechtliche Klarheit.

Vergrößert man sich zu einer Familie, kommt man mit einer Gartenlaube freilich nicht mehr aus. Ein Haus muss her mit fließend Wasser, Strom, Telefon.

Wir kauften, wie erwähnt, eine gebrauchte Immobilie. Wir bezahlten sie aus dem Vermögen, das wir ansparten, als wir noch kinderlos waren und beide sog. „gute Jobs" hatten. Einen Kredit macht zum Sklaven der Bank, zwingt zum Gelderwerb, und ist daher nach

Möglichkeit zu meiden. Für uns kam er nicht in Frage. Wir kauften um unser Geld, gaben nicht mehr aus, als wir hatten, passten uns unseren Verhältnissen an. Verfüge ich über beispielsweise 50.000€, so kaufe ich nur für diesen Betrag. Dann muss ich nehmen, was ich kriege, muss mich anpassen – das ist der Preis der Freiheit.

Mir begegnen oft Mensch, die über immens begrenzte Mitte verfügen, teils nur wenige tausend Euro, teils noch weniger. Sie benutzen ihre vermeintliche Armut als Ausrede für das Fortführen eines Lebens, das sie eigentlich nicht wollen.

Ein junger Vater erklärte mir: „Du hast gut reden. Ich habe nur 3.000€. Dafür kann ich in München kein Haus kaufen. Also muss ich weiter mieten und das Geld dafür durch meinen Job verdienen."

Ich antwortete: „Ich habe in Mecklenburg-Vorpommern alte Gutshöfe um diesen Preis gesehen. Geh dorthin."

Er entgegnete: „Ja, wenn das so leicht wäre!"

Ich sagte: „Es ist so leicht. Du willst einfach nur nicht. Du fürchtest, ohne die Fleischtöpfe Ägyptens verhungern zu müssen."

Anpassen, sich fügen, lernen zu dulden – niemals habe

ich behauptet, der Preis der Freiheit wäre gering. Doch der Weg zu ihr ist leicht und allen, die ihn beschreiten wollen, zugänglich.

Meistens wird man die Immobilie, die man um sein Weniges erwirbt, renovieren müssen. Weiter oben habe ich die Grundlinien für eine erfolgreiche Renovierung bereits genannt. Es gilt: Je weniger, desto besser.

Ein guter Ratgeber, den ich auch selbst schon in Anspruch genommen habe, ist der Architekt Konrad Fischer, ein Franke, der vor gesundem Menschenverstand nur so strotzt. Ich habe bei meiner Altbaurenovierung seine Dienste bei ihm in Anspuch genommen, habe für eine Stunde 180€ bezahlt und bei den nachfolgenden Renovierung Tausende dank seiner Ratschläge eingespart!

Hier der Link auf seine Homepage:

*www.**konrad-fischer**-info.de*

Auf dem mittlerweile von Internetportalen dominierten Immobilienmarkt findet man teils passende, oft aber überteuerte Angebote. Die Kaufnebenkosten bei Immobilenerwerb können inkl. Maklergebür leicht 10%

und mehr betragen, aufgepasst also! Irgendwie gelingt es Maklern immer noch das Gros des Marktes zu bestimmen, obwohl sie dank Immowelt und Immoscout eigentlich keine Daseinsberechtigung mehr haben. Die meisten Immobilienkäufer und Verkäufer benutzten diese und einige andere Börsen. Die Arbeit des Maklers, einem potentiellen Käufer ein verkäufliches Haus mittels Telefon und Kontakten zu finden, ist obsolet geworden. Ich habe alle meine Geschäfte ohne Makler gemacht und mir dadurch etliche Tausende, Zeit und viel Ärger erspart.

Der Makler steht heutzutage *zwischen* Verkäufer und Käufer. Technisch gesehen *behindert* er das Geschäft. Wie oft habe ich bei Maklern angerufen, um *keinen* Termin zu bekommen, *vergeblich* auf einen Rückruf zu warten oder schlichtweg übergangen zu werden, wenn mein Kaufangebot einfach nicht an den Verkäufer weitergeleitet wurde, der es all zu gerne angenommen hätte! Ich könnte Bücher über *meine* Erfahrungen mit Maklern füllen, schweige aber lieber davon. Sicher gibt es auch gute Makler, mir ist leider noch keiner begegnet.

Mein Rat: Möglichst ohne Makler kaufen oder verkaufen. Der entscheidende Mann beim Kauf ist ohnehin der <u>Notar</u>. Hier kann man erstaunlich unkompliziert seine Geschäfte abwickeln lassen.

Neben den genannten Internetplattformen lohnt oft ein Anruf bei der Gemeinde. Häufig weiß man dort von Leerstand oder verkäuflichen, teils gemeindeeigenen Anwesen. Hier kann man wahre Schnäppchen finden. Die lokalen Mitteilungs- und Gemeindeblätter lohnen ebenfalls. Ansonsten – auch das habe ich schon gemacht – einfach mal die Nachbarn eines leerstehenden, in Frage kommenden Gebäudes anrufen oder direkt aufsuchen und sich nach dem Besitzer, seinen Kontaktdaten sowie schon mal vorab nach dem Zustand des Objekts erkundigen. Das alles ist viel Arbeit, macht aber Spaß (man lernt auch die zukünftige Heimat, evtl. sogar die Nachbarn kennen) und kann leicht mehrere zehntausend Euro (!) einsparen. Auch Aushänge in Geschäften, kleinen Bäckereien, Lottoläden etc. sind hilfreich.

Augen und Ohren offen halten!

Renovieren? Selbermachen!

Es ist erstaunlich, wie viel man Selbermachen kann, vor allem, wenn Funktionalität vor Ästhetik stehen darf. Ich habe ein Gymnasium besucht. Im Kunstunterricht, der einzigen Möglichkeit während meiner Schulzeit, meine Hände und Kreativität wenigstens in Ansätzen ausprobieren zu können, war ich denkbar schlecht. Der Werkunterricht in der Grundschule hat mich gelinde gesagt traumatisiert. Man hielt mir dort stets meine Unfähigkeit vor – ein Kind nimmt solche Kritik ernster, als sie eigentlich ist. Zudem zwang man mich zum Stricken und Sticken, was ich aus vollem Herzen verabscheute. Später studierte ich Philosophie, Soziologie und Theologie. Wenn ich also behaupte, keinerlei handwerkliche Fähigkeiten zu besitzen, muss man mir Glauben schenken. Zudem schätze ich handwerkliche Arbeiten keineswegs. Ich drücke mich davor, wo es nur geht.

Noch mehr als Handarbeit verachte ich jedoch den sklavischen Gelderwerb. Meine Abneigung gegen das eine führte zwangsläufig dazu, mich bei der Renovierung meines Hauses für das geringere beider Übel zu entscheiden – und so legte ich selbst alles in meine linken Hände.

Auf Youtube findet man für fast alles DIY-Videoanleitungen. Die meisten Tunken und Materialien aus dem Baumarkt (z.B. Mörtel und Gipsplatten) sind idiotensicher zu verarbeiten. Mein Mörtel hat immer gehalten und wenn auch die eine oder andere Naht zwischen zwei Gipsplatten nicht 100&ig geworden ist, so erfüllten diese dennoch ihren Zweck, die Wand zu verstecken.

Ich habe Stromleitungen auf dem Putz (um Schmutz und Arbeit einzusparen) verlegt, Wasserleitungen gezogen, Wände verputzt oder beplankt, Laminat und Teppichboden verlegt, Fliesen gelegt etc. Das Material habe ich, wie gesagt, entweder im Baumarkt beschafft oder geschenkt bekommen. Auf Ebay-Kleinzeigen findet sich häufig übriggebliebenes Baumaterial, das um die Mühe der Abholung gegeben wird. Bei dieser Gelegenheit habe ich stets mit dem Handwerker oder Bauherrn geschwatzt, um den einen oder anderen nützlichen Hinweis oder Ratschlag zu ergattern.

Wenn Du etwas nicht weißt, gestehe es Dir ein, und frage dann jemanden, der mehr weiß, als Du! Warum den selben Fehler zweimal machen, wenn man auf die Erfahrung Anderer zurückgreifen kann? Warum das

Rad neu erfinden wollen?

Was Geld kostet, aber sich zig-fach bezahlt macht, ist gutes Werkzeug. Auch hier kauft man besser gebrauchte Profiwerkzeuge als billiges Baumarktmaterial. Vor allem Betriebsauflösungen können hier eine wertvolle Bezugsquelle darstellen. Man kann aber auch bei den Handwerkern selbst anrufen und nachfragen, ob sie nicht Lust haben, einige gebrauchte Sachen abzutreten. Gelegentlich kann man so echte Goldstücke ergattern.

Teure Werkzeuge oder Maschinen, die man nur einmalig oder zumindest selten braucht, leiht man sich aus.

Was ein Haus können muss:

Lagerung, Witterungsschutz, Lebensraum

Neben dem Schutz vor Witterung, dient das Haus auch als Speicher für das Eigentum seiner Bewohner. Auch die Dinge, die wir besitzen, wollen vor Feuchtigkeit, Hitze und fremdem Zugriff geschützt sein. Entsprechend muss man beim Hauskauf darauf achten, dass entsprechender Lagerraum vorhanden ist.

Heute geht man beim Neubau in die Richtung auf vermeintlich Unnötiges zu verzichten. Der Keller wird aus Kostengründen gestrichen, das Dach zu Wohnzwecken missbraucht – obwohl es dafür schon aufgrund der schiefen Wände nicht wirklich geeignet ist und nur mit großem Aufwand vor Hitze und Kälte geschützt werden kann. Dachfenster verschleißen schneller als andere, ihr Austausch ist kostspielig, eine Reparatur fast nie möglich oder sinnvoll.

Im Neubau für vier Personen finden sich folgende, oft überdimensionierte Räume: 2 Kinderzimmer, ein Elternschlafzimmer, ein Wohn-Essbereich, oft in Kombination mit einer offenen Küche – damit die köstlichen Düfte des Abendessens auch noch beim gemeinsamen Fernsehabend den Raum erfüllen und jedes Buch nach einer Weile wie ein Gewürzschränkchen riecht – ein Gäste-WC im Erdgeschoss, ein Vollbad im ausgebauten Dach. Die Kinderzimmer haben oft mehr als 15qm Fläche, der Wohn-Essbereich kann bis zu 50qm messen. Purer Irrsinn, ein solches Haus *bewohnen* zu wollen. Sinnvoll und praktikabel nur für Menschen, die ohnehin die meiste Zeit auswärts weilen und zu Hause nur... Gäste sind.

Ein Haus, praktisch gedacht und andauernd bewohnt, braucht folgende Räumlichkeiten: ausreichend Kinderzimmer. Elternschlafzimmer, Arbeitszimmer, Wohnzimmer sowie ein Zusatzzimmer zur beliebigen Verfügung als Gäste-, Musik-, Medienzimmer etc. Eine separate Küche, wo auch gegessen werden kann. Schön, aber nicht notwendig sind ein Esszimmer und ein Fumare (Rauchzimmer für die gelegentliche Pfeife! Man lebt ja nur einmal) oder Salon.

Ich habe viele Bücher also brauche ich noch eine Bibliothek.

Dazu (!) ein großer Trockenboden und ein in verschiedene Räume abgeteilter Keller, wo Wein und Vorräte gelagert werden können. Eine Werkstatt spart

Geld und ist fast unerlässlich. Vor Regen und Frost schützt eine Garage, zumindest aber ein Unterstand das billig erworbene, doch liebgewonnene Kfz.

Wenn man in Anbetracht der genannten Räumlichkeiten die Hände gen Himmel wirft und ausruft, dergleichen Platz fände sich nur in einer Villa oder einem Schloss, dem empfehle ich in die Dörfer zu gehen und sich die alten (oft sehr günstig zu erwerbenden) Bauernhäuser und – höfe einmal näher anzuschauen. Scheunen, Nebengebäude, Anbauten, und viele kleine Zimmer – die Menschen damals mussten mit wenig auskommen, waren oft auf sich gestellt und wussten daher, worauf es ankommt. Man mag sich eine Scheibe daran abschneiden, mag den Mut aufbringen, von den Alten zu lernen anstatt sie zu verspotten.

Das erhöhte Platzangebot ist auch aus monetären Gründen unerlässlich. Die Speicherung von Gütern, deren Preis ansteigt, spart pures Geld. Die Werkstatt ersetzt manch teuren Besuch des Handwerkers. Auch Ersatzteile können gelagert werden, um Reparaturen am Haus schnell und selbstständig durchzuführen. Dazu kommen Erwägungen bezüglich des Familienfriedens. Schön ist, wenn die Kinder außer Hörweite spielen, wenn der Vater ungestört arbeiten kann, wenn man sich tagsüber auch mal aus dem Weg gehen, für sich sein kann.

Guter Raum ist benutzter Raum

Mit „erhöhtem Platzangebot" ist keineswegs ausschließlich die Quantität an reiner Wohnfläche gemeint! Es geht um wohl geschnittene Räume, die nicht zu groß sind. Man darf nicht vergessen, dass im Winter all die Fläche beheizt werden muss. Je größer der umbaute Raum, desto aufwendiger und meist kostenintensiver fällt auch die Beheizung aus. Kleine Räume dagegen sind schnell aufgewärmt und leicht warm zu halten.

Gerade hier gilt also der Grundsatz Qualität vor Quantität. Ich habe sehr verschiedene Häuser und Wohnungen aus verschiedensten Bauepochen bewohnt oder besichtigt, kenne daher einigermaßen deren individuelle Besonderheiten, den Geist, in dem sie erbaut wurden. 100qm gut, d.h. vernünftig geschnittene Wohnfläche kann weit „geräumiger" und behaglicher wirken als 200qm, die sich in hallenartigen Fluchten ergeht. Einmal war ich in einer Bauunternehmervilla, Baujahr 1974, zu Gast. Mir schlugen 380qm bedrückende Enge, 380qm leere Wüstenei entgegen. Allein der Flur, Verzeihung: das Entrée, betrug 60 qm, das Wohnzimmer über 100qm! Ganz deplatziert wirkten die opulenten und lieblos-rationellen Designermöbel und ganz verloren die stolzen Bewohner dieses Zauberschlosses. Wie Spott klang die Einladung des Gastgebers, in die „gute Stube" zu treten, um es sich dort gemütlich zu machen.

Menschen bevorzugen kleine Räume, in denen sie sich geborgen und geschützt fühlen. Sie erinnern uns an das Erdloch oder die Höhle, in der wir vor Urzeiten Schutz gesucht und gefunden haben.

Ein Schlafzimmer ist idealerweise 8-12qm. Groß genug also für Bett, Schrank und Tisch und klein genug, um sich noch „heimelich" fühlen zu können. Gemeinschaftlich genutzte Wohnräume dürfen auch etwas mehr, vielleicht 15-18qm betragen. Bäder können dagegen sehr klein sein. Bei ihnen steht die Funktionalität im Vordergrund. Auch lassen sie sich schneller aufheizen. Ich liebe es im tiefsten Winter ein heißes Bad in einem auf 28 Grad aufgewärmten Badezimmer zu nehmen.

Ein hervorragendes Haus, das ein Freund von mir mit seiner Familie bewohnt, ein Bürgerhaus, BJ 1910, 50cm Backsteinmauer, Raumhöhe 220-260cm, Kastenfenster, mit Kachelöfen und E-beheizt, hat ungefähr folgende Zimmergrößen:

Wohnküche	16qm
Kinderzimmer 1	10qm
Kinderzimmer 2	10qm
Schlafzimmer 1	10qm
Schlafzimmer 2	8qm
Wohnzimmer	15qm
Arbeitszimmer	13qm
Verfügungszimmer	12qm
Badezimmer	4 qm
Flure, Treppenhaus	16qm

Die gesamte Wohnfläche betrug (richtig: beträgt, denn das Haus steht immer noch und wird von einer glücklichen 5-köpfigen Familie bewohnt und liebevoll gepflegt) ca. 114qm (!) auf drei Vollgeschosse verteilt – Ausbau, bzw. Lagerreserven im Dachboden sind massenhaft vorhanden, dazu gibt es einen Garten mit 250qm und ein Nebengebäude, eine ehemalige Scheune (jetzt Lagerraum für Holz und Kellerersatz) mit Heuboden (jetzt: Kinderspielplatz und für Erwachsene streng verbotenes „Geheimversteck"), mit grob 120qm Grundfläche und einen Gewölbekeller, in dem Wein, Bier und Kartoffeln gelagert werden. Dieses Haus fühlt sich angenehm geräumig an, die verschachtelt angelegten Räume suggerieren weit mehr Platz als den Zahlen nach vorhanden ist.

Der Fluch alter Häuser: Feuchtigkeit!

Häuser und deren Bewohner hassen Feuchtigkeit und Nässe. Gerade alte Häuser haben oft Feuchtigkeitsprobleme. In einem *nassen* Haus bildet sich Schimmel. Hölzerne Bauteile modern und werden morsch. Auf kurz oder lang beeinträchtigt dies alles das Wohlbefinden und die Gesundheit der Bewohner. Entsprechend achtsam ausgeführte Renovierungsmaßnahmen und ein dem Gebäude angepasster Lebensstil schaffen hier Abhilfe. Zwar kann ich über den Einzelfall nichts sagen und will an dieser Stelle auch keine vielleicht unzutreffenden Ratschläge geben, aber eine gedankliche Stütze, die mir häufig als Leitfaden, als Grundidee bei Renovierungs- und Sanierungsmaßnahmen geholfen hat, will ich trotzdem nicht schuldig bleiben: Es gibt einen Grund, warum früher die Waschküche ein ausgelagerter Raum im Haus oder im Keller war, warum die Wäsche draußen oder im Winter auf dem ungedämmten und daher hervorragend gelüfteten Dachboden getrocknet wurde. Es gibt einen Grund warum, die Räume liegen, wo sie liegen und warum auf bestimmte Weise geheizt und gelüftet wurde. Es gibt einen Grund, warum das

Mauerwerk eine bestimmte Dicke aufweist und die Fenster dimensioniert und platziert wurden, wie sie sind. Die Menschen, die ein Haus erbaut haben, wollten auch damals keine Feuchtigkeit in ihren Zimmern. Sie wollten warm und trocken leben, wie wir heute. Darum haben sie entsprechende Vorkehrungen bei der Planung und Erstellung ihres Heims getroffen. Sie haben nach den Möglichkeiten ihrer Zeit gebaut.

Alte Kastenfenster beispielsweise, also jene ohne dichtende Gummilippen, erlauben einem gewissen Maß an Feuchtigkeit durch den erzwungenen Luftaustausch aus den Wohnräumen abzugehen. Sie sind also durchaus planvolle und sinnvolle Bauteile, die eine bestimmte Funktion erfüllen und zwar eine andere als abgedichtete Isolierfenster. Wenn ich ein Kastenfenster mit einem Isolierfenster vertausche, verändere ich die Logik des Gebäudes und muss mit entsprechenden Veränderungen des Wohnklimas rechnen. Ein modernes Fenster ist nicht besser als ein altes, es ist anders.

Zudem ist ein Gebäude auf das erwartete Verhalten seiner Bewohner ausgelegt. Ein Übermaß an Bedampfung durch tägliches Duschen, mehrmaliges Kochen, feuchte Wäsche etc. meist in Kombination mit unglücklichem Heizverhalten und falsch ersetzten

Baumaterialien können gerade bei alten Häusern schnell zu Schäden führen.

Mein Leitfaden bei der Renovierung lautet: Wenn etwas ersetzt werden muss, dann immer nach Maßgabe des ursprünglichen Bestands. D.h. wenn beispielsweise ein Kastenfenster ausgetauscht werden muss (weil es irreperabel beschädigt ist), dann nur mit einem anderen Kastenfenster, das bautechnisch exakt die gleichen Eigenschaften besitzt. Wenn ich eine Wand renoviere, die ursprünglich gekalkt war, dann werde ich sie wieder kalken. Wenn ich ein neues Heizsystem installieren muss, dann wähle ich jenes, das ursprünglich verbaut war.

Ein zweiter, sehr hilfreicher Tipp lautet: Benutze und bewohne ein Haus nach Möglichkeit so, wie seine Erbauer es benutzt und bewohnt haben.

So lassen sich neben dem allgegenwärtigen Hauptproblem der Feuchtigkeit auch andere Gebäudeschädigungen vermeiden, bzw. heilen, die langfristig nur weitere Kosten nach sich ziehen würden.

Wasserleitungen

Ich traue Wasserleitungen nicht, obwohl ich noch nie Ärger mit ihnen hatte. Meine Antipathie fußt rein auf Instinkt und den „Geschichten vom zu spät entdeckten Wasserschaden", die ich mir oft habe anhören müssen und die mir auch manches mal Alpträume beschert haben. Je weniger Wasser also hinter meinen Wänden fließt, desto ruhiger kann ich schlafen. Ich neige daher dazu, Küchen und Bad nebeneinander und strassenseitig, oder eben dort, wo der Hausanschluss gerade liegt, zu verorten. Wasser- und Abwasserleitungen in den ersten oder gar zweiten Stocke baue ich zurück. Doppelte Bäder und Küchen (auch solche findet man in alten Häusern erstaunlich oft) wandle ich in Wohnräume um. <u>Ein funktionierendes Bad, <u>eine</u> funktionierende Küche und nicht mehr als 2-3m Wasser- und Abwasserleitungen, am besten leicht zu erreichen, d.h. auf dem Putz montiert, sind mir genug.

Keine Angst übrigens: Bei mir kam es noch nie zum gefürchteten Stau – selbst wenn wir Gäste beherbergen, fließt der Verkehr ganz reibungslos. Feste Bade- und Duschzeiten sowie die rege Absprache mit den Meinen helfen, unnötigem Gedränge vorzubeugen. Und was die natürliche Bedürfnisverrichtung angeht – sie ist meist in wenigen Minuten vollbracht. Solange kann man es doch halten, nicht wahr?

Unterhalt, Reparaturen und Modernisierungen

Je primitiver eine Sache konstruiert ist, je weniger Teile sie hat, desto haltbarer und zuverlässiger ist sie in der Regel. Das gilt natürlich auch und vor allem für Häuser. Erstaunlich, wie langlebig Fachwerk- oder Bruchsteinhäuser sind. Sie überdauern spielend Jahrhunderte und sind leicht und kostengünstig zu warten, sofern man sich bei den Instandhaltungen weitestgehend am Urzustand orientiert. Ändere nie, was funktioniert! Die Bauherrn, mögen sie auch schon zu Staub zerfallen sein, haben sich bei der Errichtung des Hauses etwas gedacht – man sollte ihr Wissen, ihre Erfahrung und letztlich auch die Beschaffenheit des Gebäudes selbst demütig respektieren und nur behutsam in den Bestand eingreifen. Geht etwas kaputt, repariere ich es. Kann ich es nicht richtig reparieren, behelfe ich mit mit einen Provisorium. Würde das ästhetische Empfinden meiner Frau nicht irgendwann zu einem schlechten Gewissen meinerseits führen, wären viele meiner Provisorien mittlerweile zur Dauereinrichtung geworden. Aber sei's drum.

Zu Dämm- und Dichtmaßnahmen bitte ich den Leser kniefällig, sich vorab und sehr kritisch zu informieren.

Gebäude, die nicht entsprechend konzipiert wurden, erleiden häufig Schäden durch voreilige und immer kostspielige „Verbesserungen", von dem meist nur geringem oder temporären Nutzen ganz zu Schweigen.

Heizen

Nach den Lebensmitteln stehen bei mir die Heizkosten an zweiter Stelle, was meine Ausgaben betrifft. Darum will ich hier einige meiner Erfahrungen teilen:

In Deutschland ist es kalt. Je nachdem, wo man lebt, muss man das halbe Jahr und länger heizen. Öl und Gas, die bevorzugten Energieträger, sind teuer, ihre Förderung aufwendig und ihre Verfügbarkeit unsicher. Was es in Deutschland dagegen in großer Menge gibt und daher leicht, günstig und verlässlich verfügbar ist, sind Holz und Kohle. Entsprechend bietet sich an, mit ihnen zu heizen. Ich persönlich bevorzuge Holz, weil ich neben einem Wald wohne. Ich sammle über das Jahr Fallholz und Äste. Von jedem Spaziergang bringe ich etwas mit. Daraus gewinne ich vor allem mein Anzündholz und spare mir zudem die eine oder andere Ladung für den Kücheherd oder Badeofen – auch Holz kostet schließlich Geld.

Neben dem Sammeln von Fallholz kann man sich auch mit der Gemeinde kurzschließen und Holz aus Fällarbeiten ewerben. Der Ster liegt hier mit bei ca. 50% des üblichen Preises für Brennholz, man muss die Stämme aber selbst vor Ort sägen, abtransportieren, schlagen, stapeln und trocknen – eine anstrengende und langwierige Arbeit, nichtsdestotrotz lohnend.

Ich habe mir die Ersparnis einmal als fiktiven Stundenlohn umgerechnet:

Mein Jahresbedarf – ca. 20Ster (Heizen, Kochen, Warmwasser)

Lieferpreis ofenfertiges Holz 80€/Ster –	1600,00€
Gemeindeholz – 40€/Ster –	800,00€
Differenz	**800,00€**
Arbeitszeit (Sägen, Transport...)	/40Std.
Fiktiver Stundenlohn	20,00€/Std.

Davon gehen noch Benzin und Werkzeugverschleiß etc. ab

ich rechne pauschal mit 10%,
bleiben

$$18,00€/Std.$$

In meinem Fall sind fiktiver 18€ Stundenlohn schon recht verlockend, im Lager verdiene ich nur 10€.

Aber ich bin faul und besitze auch keine Kettensäge und keinen Anhänger.

Eine Alternative ist sog. Schwartenholz. Das sind Reste aus Sägewerken. Hier bekommt man den Ster für 40-60€ Lieferpreis, getrocknet, ofenfertig und meist kleinteilig, d.h. auch für kleine Öfen oder den Küchenherd passend. Allerdings ist das Holz hässlich und die Qualität schwankend. Man bekommt Brettreste, Borkenstücke, Rinde – Abfälle eben. Ein Anruf beim lokalen Sägewerk ist hier immens aufschlussreich und fast nie vergebens, auch wenn man z.B. Baumaterial braucht. Ansonsten einfach mal die Anzeigen im lokalen Werbeblättchen studieren.

Holz, wie auch Kohle, haben den Vorteil, dass ich eine große Menge kaufen und lagern kann. Ich bin von unvermeidlichen Preisschwankungen weniger betroffen und kann zur Not einmal ein teures Jahr aussetzen. Ich empfehle einen 3-Jahresvorrat anzulegen und sicher zu stapeln. Das älteste und trockenste Holz wird zuerst verheizt und sein Verbrauch entsprechend wieder ausgeglichen. So hat man stetes gut abgelagertes Brennmaterial, was sehr effizient heizt. Die anfängliche Mühe des Zurichten und Stapelns lohnt sich zudem durch den reduzierten Aufwand an Arbeit in der

Zukunft.

Meiner Erfahrung nach ist die beste, doch zugleich auch arbeitsintensivste Heizart der Einzelofen. Hier muss jedoch immer jemand vor Ort sein, der sich um das Feuer kümmert. In früheren Zeiten gab es in Herrenhäuser Bedienstete, die nichts anderes zu tun hatten, als die Öfen und Kamine zu versorgen. Aber es geht auch besser: Metallöfen produzieren heiße Luft, die sehr flüchtig und wenig gesund ist. Sie heizen schnell auf, kühlen aber auch ebenso schnell wieder ab. Besser sind gekachelte Öfen. Hier hat man nach einer Anheizphase viele Stunden Ruhe – die massiven Ofenwände speichern die Wärme ein und geben sie zeitverzögert und gleichmäßig als gesunde Strahlungswärme ab. In alten Häusern ist häufig noch ein funktionierender Kachelofen vorhanden, der mit wenig Aufwand wieder in Betrieb genommen werden kann und eine erstaunliche Fläche des Hauses behaglich wärmt. Der holzgeschürte Herd (mehr dazu später) heizt die Wohnküche, der Badeofen schafft heißes Wasser und macht das Badezimmer herrlich warm!

In kritischen Bereichen heize ich elektrisch zu. Elektrizität ist zwar in Deutschland teuer, E-Heizungen als Zuheizung aber ideal, weil sie selbst billig in der Anschaffung und im Unterhalt sind. Auch benötigen sie meist keine zusätzliche Infrastruktur, von Verlängerungskabeln einmal abgesehen. Ich habe beste Erfahrungen mit No-Name-spottbilligen-Infrarotplatten gemacht, die ich mir an die Decke, tendenziell in die Nähe der kälteanfälligen Außenecken, montiert habe. Sie laufen mit normaler Netzspannung und bringen in meinem Fall 350-950W Leistung. Über ein Thermostat reguliere ich die Temperatur auf strikte 16 Grad. Tagsüber heizt der Kachelofen meine Räume auf etwa 19 Grad, in der Nacht, wenn der Ofen auskühlt, springen dann für ein paar Stunden die E-Heizungen an, um einen allzu jähen Temperaturabfall vorzubeugen. Am morgen ist dann schnell wieder alles aufgewärmt. Ich gehöre übrigens nicht zu den Menschen, die im Sommer bei 24 Grad stöhnen und verzweifeln, im Winter dann aber in den eigenen Zimmern 28 Grad brauchen, um nicht in T-Shirt und Shorts erfrieren zu müssen.

Eine Zentralheizung, deren Anschaffung ich mir überlegt habe, hätte mich über 20.000€ gekostet, dafür hätte ich dann nur mit ca. 2.000€ Heizkosten rechnen müssen, falls der Ölpreis konstant bliebe. Für 8

Heizplatten (von denen nur 6 überhaupt in Betrieb sind) habe ich knapp 1900€ bezahlt, montiert habe ich sie selber, was spielend leicht ging. Zusammen mit meinen Kosten für das Holz habe ich Heizkosten von... etwas unter 2.000€. Die Kombination von Kachelofen und IR-Platten (sehr langlebig und wartungsfrei) hat mit also 18.000€ gespart. Dazu spare ich mir den obligatorischen Kesselaustausch alle 15-20 Jahre, sowie die Wartungskosten durch den Installateur.

Sanitäreinrichtungen

Ich habe erwähnt, dass ich einen Badeofen benutze – eine sehr feine Sache! Er produziert 90 Liter sehr heißes Wasser nach ca. 45 minütigem Aufheizen. Dieses wird dann ganz normal mit kaltem Wasser gemischt, bis die gewünschte Temperatur erreicht ist. 90 Liter Heißwasser genügen für zwei Badewannen bzw. 20 Duschen. Die Familie badet einmal pro Woche. Samstag die Kinder und ich – wir brauchen einen vollen Tank. Sonntag meine Frau. Sie benötigt entsprechend nur die Hälfte des erhitzten Wassers für ihr ausgiebiges Bad. Der Wassertank hält die Wärme des nichtverbrauchten Wassers (etwa 40-50 Liter) ca. 2 Tage. D.h. Montag und Dienstag kann man also noch ohne weiteres Duschen. Mittwoch, Donnerstag und Freitag gönnen wir unserer Haut einen Urlaub. Im Sommer brausen wir uns kalt ab – eine herrliche Erfrischung. Ansonsten benutzten wir wie unsere Vorväter eine Waschschüssel, die ansprechend auf einem antiken Waschtisch im Bad steht und deren Inhalt ganz postmodern mittels Wasserkocher erwärmt wird.

Aus dem Waschbecken kommt nur kaltes Wasser. Das

genügt zur Reinigung der Hände und des Gesichts. Unsere Toilette besitzt eine Sparspülung, wie wohl mittlerweile die meisten Abtritte.

IV. In der Küche

Das Herz des Hauses – der Herd

Das Herz des Hauses ist der heimische Herd. Dass er in den alten Zeiten Gegenstand religiöser Verehrung war, gepriesene Heimstatt vieler für das Hauswesen und das Familienleben wichtiger Götter und Geister, ist keineswegs verwunderlich. Im Zentrum des häuslichen Alltags steht er, spendet Wärme, schafft Behaglichkeit und Gemeinschaft – auf ihm werden nährende Speisen zubereitet, die Leib und Seele beisammen halten, er ist der Mittelpunkt der versammelten Familie.

Genug des Lobes, bleiben wir praktisch. Die *Essküche* ist eine sehr nützliche Einrichtung. Nicht nur, dass Gerüche und Schmutz im Raum ihrer Entstehung bleiben, auch ist es in in der Küche immer warm und anheimelnd, das Essen muss nicht umständlich umhergetragen werden, es kommt vom Herd auf den Tisch.

Wir kochen mit Holz (seltener auch mit Kohle) – das ist billig, bedarf aber wiederum einer gewissen Anpassung seiner Gewohnheiten. Wenn Kochwärme nicht auf Knopfdruck verfügbar ist, muss man zwangsläufig vorkochen oder – völlig unpraktikabel, vor allem im Sommer – den Herd ununterbrochen betreiben. Wir kochen unsere Mahlzeiten daher *nach* dem Frühstück. Kaffee und Tee bereiten wir mit dem Wasserkocher und einer Pressstempelkanne zu (köstlicher Kaffee, leicht zu reinigen, wartungsfrei, filterlos, schnell), bzw. einem Teeei (denn loser Tee ist billiger). Während wir also frühstücken, wird der Herd angeschürt. Ist das Frühstück abgeschlossen, wird für den Tag gekocht und gebacken. Das Warmhaltefach (darauf bitte beim Herderwerb achten!) hält das Mittagessen...bis zum Mittag warm. Das Mittagsessen ist meist einzige warme Mahlzeit, die wir zu uns nehmen. Manchmal, vor allem im Sommer, kochen wir auch erst zum Abend hin, manchmal auch überhaupt nicht. Dem Körper ist es egal, ob er Kaltes oder Warmes zu sich nimmt, solange es nährend, d.h. <u>gesund</u> und <u>sättigend</u> ist.

Hat man sich an den Holzherd erst gewöhnt, will man nichts anderes mehr. Die hier zubereiteten Speisen schmecken irgendwie anders, schmecken...echter, ehrlicher. Vielleicht ist das aber auch nur Einbildung, wer weiß. Mit Holz kochen ist extrem billig, der Herd praktisch wartungsfrei und sehr langlebig, wenn die Qualität stimmt. Er kann alles, was ein E-Herd auch kann, nur etwas langsamer. Auch hat das Backfach keinen Timer – man wird also auf die Eieruhr zurückzugreifen haben.

Alternativ zum Holzherd kann man auch einen Gasherd benutzten, der zum Beispiel mittels Flasche befeuert wird. Mit Gas kann man auch Kühlschränke betreiben, in Frankreich ist das sogar relativ üblich.

Ich persönlich bin kein Freund von Gas. Die Vorstellung ein unter Druck stehendes mit explosivem Gas gefülltes Behältnis steht bei mit in der Küche, finde ich beunruhigend, auch wenn die Handhabung bei sachgemäßer Benutzung gefahrlos möglich ist. Wer weder das eine, noch das andere möchte, kann indes auch beim E-Herd bleiben. Kocht man nur einmal am Tag warm und benutzt einen sparsamen Wasserkocher, sind auch hier die Kosten sehr überschaubar. Der Vorteil von E-Herden ist ihr niedriger Anschaffungs- und Installationsaufwand (man braucht keinen Kaminanschluss) auch sind sie wartungsfrei. Ich habe ein knappes Jahrzehnt lang täglich einen ererbten Billig-Standherd benutzt. Eine ständig benutzte Schnellkochplatte ist zwar mittlerweile defekt, der Rest funktioniert aber noch tadellos. Nun steht er als Zweitgerät in meiner Küche und genießt seinen relativ ungestörten Ruhestand.

Geschirr

Teller und Besteck bekommt man massenhaft geschenkt oder kann es billigst gebraucht kaufen. Teurer sind gute Töpfe und Pfannen. Hier lohnt sich ein Gang auf den Flohmarkt oder der obligatorische Blick in die entsprechenden Kleinanzeigenbörsen im Internet oder die Einwurfzeitung. Töpfe und Pfannen müssen, gas- bzw. holzherdtauglich sein, wenn sie entsprechend benutzt werden sollen, denn die hier erzeugten Kochtemperaturen übersteigen die eines elektrischen Geräts. Von beschichteten Pfannen halte ich nichts. Teuer, anfällig gegen Kratzer und für meine Zwecke ohnehin ungeeignet. Gusseisernes bevorzuge ich – hier spielen aber Qualität und Verarbeitung einer entscheidende Rolle für die gleichmäßige Wärmeverteilung (wichtig beim Kochen mit einem Holzherd, da dort die Wärmezufuhr mittels Platzierung auf den Platten reguliert wird!). Außerdem ist gutes Kochgeschirr praktisch unzerstörbar. Was die Größen anbelangt – lieber ein wenig zu groß als zu klein. Ich habe einmal ein siebenteiliges Topfset erstanden. Die beiden kleinsten Größe benutze ich nie, die beiden größten ständig. Dazu habe ich mir einen riesigen, ich glaube 10Liter fassenden Topf, für Eintöpfe und Suppen besorgt. Meine einzige Pfanne hat einen Durchmesser von 30cm. Kleineres Bratgut schiebe ich einfach in die Mitte und platziere die Pfanne dann passgenau über der entsprechend kleineren Hitzequelle.

Als Trinkgläser dienen uns gespülte Senfgläschen. Ich mag ihre Form, die Dicke des Glases und dass die Kinder sie gut greifen können. Geht mal eins zu Bruch, ist es kein Drama. Ansonsten gibt es Gläsernes wie auch Geschirr und Kleidung in solchem Überfluss, dass man bei der Anschaffung praktisch ohne Geld auskommt, mit sehr wenig Geld aber feinstes Kristall usf. erstehen kann – wenn einem der Sinn danach steht.

Einbauküchen vs. Stückwerk

Küchen machen beispielsweise beim Erstellen eines Neubaus einen derart großen Kostenfaktor aus, dass diese Position in den Plan-Kalkulationen fast immer eigens herausgestellt wird! Ein Bekannter versicherte mir glaubhaft und mit nicht geringem Stolz, den ich freilich kaum nachvollziehen konnte, dass seine Einbauküche alles in allem knapp 20.000€ gekostet hätte! Mir blieb der Atem weg. 20.000€ für eine Küche? Dafür hätte ich ein ganzes Haus kaufen können! Ich erkundigte mich, ob er nun Besitzer eines Unikats oder besonderen Designwunders sei? Nein – eine Küche von der Stange, mit einem wohlklingenden Namenszug auf den Furnierteilen, in einem großen Möbelhaus bestellt, aber ganz „individuell" am Computer geplant wie auch sein Fertighaus im Neubaugebiet übrigens ganz individuell geplant wurde – es war wie alle anderen, individuell geplanten Häuser in seiner Gegend eben so sind. Ich erkundigte mich weiter nach der besonderen Qualität der Küche, nach Vorzügen, die ihren Preis vielleicht doch noch rechtfertigen mochten. Er erläuterte, dass die Schubladen sich selbstständig und völlig lautlos schließen. Das nennt man Soft-Close-Funktion oder so ähnlich und ist praktisch für Grobmotoriker, die dazu neigen, ihre Schubladen mit aller Gewalt zuzuschlagen. Weiterhin betonte mein Bekannter, dass die Schubladenböden so stabil seien, dass er sich mit seinen 80kg glatt hineinstellen könnte – der Verkäufer hatte ihm entsprechendes versichert. Ich fragte ihn noch, warum er sich denn im Gottes Namen in seine Schubladen stellen wollte – dann war unser Gespräch beendet.

Nun die Moral dieser kleinen Anekdote: Der Vorteil von Einbauküchen ist, dass sie dem Hersteller viel Geld bringen, dass sie umständlich eingepasst und eingebaut werden müssen und das Reparaturen bzw. der irgendwann anstehende Austausch von einzelnen „Modulen" die beiden erstgenannten Punkte zwangsläufig erneut nach sich ziehen werden. Außerdem kann man eine „maßgeschneiderte Küche" nur schlecht wiederverkaufen, wenn man sich davon trennen möchte.

Meine Küche verfolgt mich seit wir sie vor etlichen Jahren angeschafft haben. Ein unvernünftiger Impulsivkauf, den ich aber bis heute nicht bereue. Ich bin stolzer Besitzer (darf ich nicht auch auf meine

Küche stolz sein?) einer Gruccoküche aus den frühen 50er Jahren. Weißlackiert, Vollholz, komplett. Die Dame, die die Küche nach dem Krieg, sicherlich ebenfalls voller Stolz, erwarb, pflegte sie mit großer Hingabe – ich konnte kaum glauben, dass sie 50 Jahre lang bei einer Großfamilie stand und täglich ausgiebig benutzt wurde. Die einzelnen „Elemente" sind irreversibel verleimt und vernagelt. Jedes der Elemente ist mit einer unverwüstlichen Arbeitsfläche versehen. Das Ensemble besteht aus zwei wuchtigen Eckschränken, einem identisch bemessenen Eckhängeschrank, sowie einem Zwischenstück, mit einem emaillierten Brotfach (!) – essentiell für uns, denn wir backen selber –, sowie einem mit Vollholzleisten unterteilten Besteckschubfach. Schiebt man die Elemente aneinander bildet sich eine fast übergangslose Arbeitsfläche. Ein hübsches Sideboard, in dem man Zucker, Mehl, Satz etc. aufbewahrt, rundet das Ganze ab. Dazu steht bei uns ein altes Buffet, ebenfalls weißlackiert und sehr wuchtig in seinen Ausmaßen. Hier werden Geschirr, Kochbücher (hinter Glas und daher vor Fett und Gerüchen geschützt) und vieles, vieles andere aufbewahrt. An einem nicht zu großen, weißlackierten Tisch (Vollholz, vermutlich aus den dreißiger Jahren) mit ebensolchen Stühlen, speist meine Familie.

Eine Spüle habe ich behelfsmäßig selbst gebaut – funktioniert, hat nichts gekostet.

Um meine Küche werde ich bezeichnenderweise beneidet. Jeder staunt und mir wurden bereits mehrfach sehr ernst gemeinte Kaufangebote unterbreitet. Ich schlug sie aus. Ich mag meine Küche, auch wenn ich damals – ich gebe es zu – stolze 800€ dafür bezahlt habe. Es war einfach Liebe auf den ersten Blick. Sicher wäre ich auch ohne Ausgaben an eine Küche, sogar eine gute gekommen. Küchen werden erstaunlich häufig verschenkt, manchmal muss man sie nicht einmal abbauen. Aber, wer in Saus und Braus leben kann, wie ich, und wer zudem das Schöne, das Besondere liebt, der begeht manchmal auch Torheiten wie diese... die er sich dank seines sparsamen und bewussten Lebensstils aber auch erlauben kann.

Den Tisch, die Stühle und das Buffet hat meine Frau mitgebracht, die den „Plunder" wiederum von ihrer Großmutter erbte.

Wer hat, dem wird gegeben.

Küchenhelfer und Plagegeister

Goethes Gedicht „Der Zauberlehrling" mag wohl als ein Gleichnis für das Verhältnis von Mensch und Technik, von Schöpfer und Geschöpf, betrachtet werden. Der Lehrling maßt sich, ohne das nötige Wissen zu besitzen, an, die Zauberkräfte des Meisters anzuwenden. Er will wirken, herrschen, befehlen. Das Mittel dazu ist die Erschaffung eines Helfers, der ihn von der leidigen Hausarbeit befreien soll. Doch es kommt anders. Er verliert die Kontrolle über seine Kreatur, kann sie nicht mehr stoppen. Er wird zum Gejagten, zum Heimgesuchten seines Helfers, ihm zur Gänze ausgeliefert.

Mit Technik und Technologie muss man vorsichtig, behutsam umgehen. Nicht alles, was machbar ist, sollte auch umgesetzt werden. Man denke nur an Atomwaffen! Wo Werkzeuge wirklich hilfreich sind und den Alltag erleichtern oder das Leben einfach nur bereichern, sind sie ein großer Segen. Wo Gegenteiliges geschieht, wo sie verkomplizieren, schaden und zur Last werden, ein noch größerer Fluch.

Dieser philosophische Gedanke kann ohne Weiteres auch auf die Küche übertragen werden. An keinem anderen Ort des Hauses, geht man so regelmäßig so vielen unterschiedlichen Tätigkeiten nach wie hier.

Schneiden, Waschen, Kochen, Braten, Säubern, Schaben, Reiben, Stampfen etc. Die Zubereitung der Speisen, wenn sie frisch gekocht und nicht fertig gekauft werden, ist ein langwieriger und durchaus anspruchsvoller arbeitsintensiver Vorgang. Wo sonst, wenn nicht hier, benötigt man also Hilfsmittel, die uns all die kleinen und großen Handgriffen abnehmen? Und tatsächlich gibt es für fast alles mechanische oder elektrische Geister, die man mittels Knopfdruck ins Leben rufen kann. Manchmal profitieren wir von der Arbeit dieser Geister, manchmal aber nehmen sie uns auf den Arm und machen uns, meist ohne dass wir es merken, das Leben schwer.

Von elektrischen Küchenhelfern halte ich generell nicht viel. Dabei sind sie gebraucht oft gar nicht so teuer in der Anschaffung und auch der Stromverbrauch ist recht moderat. Was sie tun, tun sie meist schnell und gut. Dennoch sprechen gewichtige Gründe gegen sie:

1. Sie sind laut. Andere mag das nicht stören, ich aber werkle in der Küche lieber in Stille herum oder unterhalte mich. Außerdem erzeugt Lärm Stress, was die meditative Besinnlichkeit der Nahrungszubereitung

(andere mögen das Langeweile nennen) erheblich einschränkt.

2. Sie sind groß, unhandlich und nehmen viel kostbaren Stauraum weg, der für anderes besser genutzt wäre – zum Beispiel für Vorräte! Wer Vorräte anlegen kann, spart sich den einen oder anderen unnötigen Einkauf. Das wiederum spart Zeit. Zeit, die wir durch den Einsatz von Küchenhelfern paradoxer Weise einzusparen suchen – man kann sich angewöhnen, die Dinge zu Ende zu denken, das erspart manch kostspieligen Irrtum.

3. Elektrische Küchengerätschaften sind zwar nicht teuer – aber eben doch teurer als ihre mechanischen Pendants. Dazu benötigen sie Strom, der nicht kostenlos ist. Weiterhin wird eine entsprechende Infrastruktur in der Küche benötigt, was wiederum einen Kostenfaktor darstellt – man kann auch diesen Gedanken noch weiter fortspinnen.

4. Die Lebensdauer elektrischer Küchengeräte ist vergleichsweise kurz und Reparaturen lohnen praktisch nie.

5. Sie sind unhygienisch, bzw. ihre Reinigung ist aufgrund exponierter Kleinteile oft umständlich und... zeitraubend. Ein weiterer Widerspruch zwischen

Intention und Resultat.

Ich habe in meiner Küche nur einen einzigen elektrischen Helfer, der mir wirklich gute Dienste leistet, und den ich nicht missen möchte – ich spreche von meinem Wasserkocher. Ich benutze ihn um Tee und Kaffee zu kochen, sowie für das Spülen. Er erspart mir meinen Herd auch am Nachmittag anfeuern zu müssen – eine Verschwendung für 2-3 Liter heißes Wasser.

Spülen

Ich spüle <u>alles sofort.</u> Schmutziges Geschirr sammelt sich so gar nicht erst an. Eingetrocknetes, das erst aufgeweicht oder umständlich abgekratzt werden muss, kenne ich nicht. Ich könnte mir eine Geschirrpyramide ohnehin nicht erlauben, da wir nur über das Nötigste verfügen, über das also, was ohnehin ständig in Benutzung ist und daher sauber sein muss.

Das Spülwasser produziere ich mit dem Wasserkocher. Das ist erstaunlich effizient, weil nur die Menge Wasser erwärmt wird, die auch tatsächlich gebraucht wird. Außerdem kann man mit kochendem Wasser hervorragend hartnäckigen Schmutz aufweichen, bzw. Baby's Fläschchen gleich desinfizieren. Für Durchlauferhitzer oder Boiler habe ich keine Verwendung, auch wenn Letzterer unter meiner Spüle hängt – unbenutzt seit Jahren.

Mein *Spülmittel* stelle ich natürlich selbst her. Nichts einfacher als das. Dank Internet stehen einem etliche Rezepte zur Verfügung – duftende, pflegende und was nicht alles. Ich löse einfach 15gr. gehobelte Kernseife in einem halben Liter heißem Wasser auf und fülle das ganze in ein einen gereinigten Spender. Zwar schäumt und duftet es in meiner Küche nicht, aber das Geschirr wird sauber. Und das ist alles, was ich von einem Spülmittel erwarte.

# V. Im Schlafzimmer

Des Menschen Ruhebett

Der größte Kosten- und Gesundheitsfaktor im Schafzimmer ist wohl die Matratze. Wie man sich bettet so liegt man. Wir verbringen ein Drittel des Tages auf unserem Lager, darum ist die richtige Unterlage einige Überlegungen wert.

Den individuellen Erfordernissen des Körpers sollte die Matratze entsprechen, dabei langlebig und günstig in der Anschaffung sein. Unerfindlicherweise kosten sog. Biomatrazen teilweise mehrere hundert teilweise sogar über eintausend Euro. Auch die Billigprodukte aus Kaltschaum, die man nach ein paar Jahren kaputt gelegen hat, wenn sie nicht zuvor verschimmeln, kosten unanständig viel. Hier kann man leicht Unsummen aus dem Fenster werfen. Gute Erfahrungen habe ich mit Federkernmatrazen gemacht. Sie sind praktisch unverwüstlich, halten Jahrzehnte und können praktisch nicht verschimmeln. Ist der Bezug schadhaft geworden, kann man diesen flicken oder austauschen. Entsprechend zugeschnittene Bezüge sind im Internet zu bestellen. Für einen 90x200x19 Matratzenbezug aus Baumwolle habe ich 29€ bezahlt.

Meine geerbte Federkernmatratze habe ich irgendwann

trotzdem ausgetauscht. Nicht weil es nötig geworden wären (sie war am Ende über 40 Jahre in Benutzung), sondern einfach aus Lust am Luxus. Ich habe mir eine gebrauchte Matratze, die komplett mit Kokosfasern gefüllt ist, besorgt – ein sogenanntes Futon. Auch diese Stücke sind praktisch unverwüstlich, hygienisch, können nicht verschimmeln und der Liegekomfort ist – unbeschreiblich.

Kleideraufbewahrung

Ein großer Schrank aus vollem Holz, in dem die Kleider geruchsneutral, trocken und gesichert vor Motten gelagert werden können. Fächer in großer Zahl, damit die blauen Socken auch nicht neben den roten liegen müssen, sind unnötig. Man kann in einem leeren, massiven Korpus hinter oder neben die Kleiderstange selbst Ablagen anbringen oder nach Bedarf Boxen auf den Schrankboden stellen. Die Schubladen, die allerdings vorhanden sind, sollten auch groß genug sein.

Vor Motten schützt ein Lavendelsäckchen. Den Lavendel kann man selbst mühelos anpflanzen und abernten. Die Samen kosten wenige Cent, kauft man das Ganze fertig, werden bis zu 10€ fällig.

Schränke wie überhaupt alle Möbel bekommt man auch in bester Qualität praktisch nachgeworfen. Vor allem die hervorragenden Erzeugnisse der 50er Jahre und früherer Epochen sind von erstaunlicher Langlebigkeit und bester Verarbeitung. Wenn das Design nicht behagt, kann man auf moderne Produkte, die ebenfalls inflationär verfügbar sind, zurückgreifen, muss aber qualitative Einschränkungen in Kauf nehmen. Ikea-

Mobiliar aus zweiter Hand beispielsweise bekommt man nahezu geschenkt.

VI. Im Kinderzimmer...

...findet man oft Kinder und fast immer Spielsachen. Letztere kann man billig erwerben oder einfach von der Verwandtschaft beziehen, deren Nachkommen ein Alter erreicht haben, in dem man subtileren Gelüsten frönt. Wichtiger als die Beschaffung ist also die Wahl des richtigen Spielgeräts. Es ist erstaunlich wie genügsam die Kleinen sind, bis man sie durch Einsatz von buntem Plastik und ohrenbetäubenden Geräuschen an einen irrealen Überfluss (an Dingen und Reizen) gewöhnt hat, was sich später übrigens negativ auf ihr Konsumverhalten auswirkt – ein verhängnisvoller Fehler, den man nach Möglichkeit korrigieren sollte.

Wer mit wenig aufwächst, lernt, sich selbst genug zu sein und sich den Gegebenheiten anzupassen; das hat Jahrtausende bestens funktioniert. Für solche Menschen ist das spätere Leben in unserer Welt das reinste Zuckerschlecken, weil sie fast immer mehr bekommen, als eigentlich nötig ist. Aber auch mit der Bescheidenheit kann man es freilich übertreiben.

Meine Kinder besorgen sich dankenswerter Weise ihr Spielzeug selbst – nach ihrem Interesse und Begehren. Ich lasse es zu und greife nur ein, wo es gefährlich wird. Sie wollen immer haben, was die Erwachsenen haben – ein freundlicher Zug von ihnen, wie ich finde.

Und warum es ihnen also verbieten, wenn es sich nicht gerade um das Küchenmesser oder einen Kanister mit Benzin handelt? Überraschenderweise interessieren meine Erben sich am meisten für Papas Spielsachen (Werkzeuge) oder Dinge, die sie im Garten und auf der Erde finden. Kieselsteine, Stöcke, Schrauben, Klammern, ein Schraubenzieher (den ich vermisst wähnte), ein kaputter Rasierapparat, eine ausgemusterte Tastatur, ein altes Telefon, leere Briefkuverts, ausgeschnittene Werbung (meist mit Baggern oder Computern darauf) und so weiter versammeln sich ohne erkennbare Ordnung in Einmachgläsern, ausgewaschenen Joghurtbechern, Eimern, Schachteln etc. Wie reich meine Kinder sind! Welche Schätze! Der Stock ist eine Axt, das Ästchen eine Bohrmaschine, der weiße Kieselstein ein Auto, der blaue ein Bagger! Ja, meine Kinder besitzen einen Fuhrpark, auf den manch ein Bauunternehmer neidisch wäre.

Draußen wird mit Gras, Blumen, Schaufeln und, wenn er nicht aufpasst, eben Papas Werkzeug gespielt. Dass mein Haus noch steht, gleicht einem Wunder. Jeden Tag wird daran gebaut. Die abblätternde Farbe der Sockelleiste wurde übrigens mit Matsch ausgebessert. Man mimt den Briefträger, Bauarbeiter,

Feuerwehrmann, klettert auf Bäume, versteckt sich im Gebüsch – sehr zum Ärger der Frau Mama, die die Kinder am Abend wieder einsammeln muss.

Die Kleinen haben, was sie brauchen, weil sie nur brauchen, was sie haben. Ja, wie die Kindlein muss man sein, um selig zu werden.

Bauklötze aus unbehandeltem Naturholz gewinne ich aus Schwartenholz. Ich erwähnte, wie viele Brettreste, Ecken und Kanten man in so einer Ladung Brennmaterial findet. Ich könnte man mein ganzes Dorf mit Bauklötzen versorgen. Man muss die passenden Stücke nur sorgfältig abschleifen, damit kein tückischer Splitter die Spielfreude verdirbt.

In der ach so düsteren Nacht bedarf es zudem eines oder vieler Teddybären, die das ach so große und leere Bett mit ihrer tröstenden Anwesenheit erfüllen.

Darüber hinaus besitzen wir ein reiches Konvolut regulären Spielzeugs – meist Geschenke der wohlmeinenden Verwandtschaft. Bis auf ein faszinierendes DDR-Steckbaukastensystem namens „Matador", das sehr regelmäßig benutzt wird, und den Eimer mit Duplo-, bzw, Legosteinen, zeigen meine Kinder kein besonderes Interesse an Spielsachen, die sie nicht selbst er- oder gefunden, bzw. gebaut oder aus

Papas Werkstatt stibitzt haben.

Die Aussage: Kinder kosten viel Geld, kann ich beim besten Willen nicht nachvollziehen. Kinder kosten Zeit und Mühe, ja. Und wer keine Zeit oder Mühe für seine Kinder aufbringen will oder kann, der muss Andere oder Anderes eben dafür bezahlen. Das mag übrigens kostspielig sein.

Die größten Positionen bei der Kinderpflege sind:

– Lebensmittel.

– Windeln, solange diese nötig sind.

– Schuhe, die ich neu und in bester Qualität kaufe.

Kleidung und Spielsachen bekommt man geschenkt oder kann sie billig gebraucht zu erwerben. Das Bildungssystem in Bayern ist erfreulicherweise kostenlos, ebenso die Universität, wenn man vom eigenen Lebensunterhalt absieht. Privatschulen, die nach Waldorf oder Montessori unterrichten, kosten etwas. Bei Waldorfschulen besteht jedoch die Möglichkeit durch tätige Mitarbeit, das Schuldgeld für die Kinder ganz oder teilweise zu verdienen. Das kostet wiederum meist nur ein wenig Zeit – und Zeit habe ja reichlich.

VII. Mobiliar –
Unsere stillen Mitbewohner

Beim Mobiliar sollte man wählerisch sein, sehr wählerisch sogar, denn man umgibt sich mit diesen Gegenständen den lieben langen Tag und vielleicht sein ganzes Leben lang. Sie sind unsere stillen Mitbewohner, unsere nimmermüden Diener und Hausgenossen.

Weil man mit ihrem Anblick leben muss, sollten sie neben ihrer Funktionalität auch nach ästhetischen Gesichtspunkten ausgewählt und zusammengestellt werden. Hat man sich an ein schönes Möbel gewöhnt, will man es nicht missen müssen – darum spielt natürlich auch die Qualität der Verarbeitung und des Materials eine wichtige Rolle, damit das antike Schränkchen auch viele, viele Jahre lang bei uns bleiben kann.

Früher wurden Möbelstücke – man kann es heute, in Zeiten von Ikea und XL-Lutz, ganz zu schweigen von den obligatorischen Möbel-Discountern und sonstigen Mitbewerbern kaum glauben – vererbt. Ein Möbel begleitete zwei, drei und oft noch mehr Generationen. Seine Herstellung war kostspielig. Ein Tischler arbeitete selbst an einem Stuhl einige Stunden. Das Material musste höchsten Ansprüchen genügen. Man bemalte und lackierte seine Möbel, besserte aus, flickte, reparierte.

Tisch und Stuhl waren etwas Besonderes, etwas Kostbares, etwas, das man sich nur einmal anschaffte.

Heutzutage sind aus Möbeln die reinsten Wegwerfprodukte geworden. Sie werden in riesigen Kaufhäusern von der Stange und nach der gerade gängigen Mode gekauft und regelmäßig ersetzt. Man *kauft* sich ein neues Wohnzimmer, Schlafzimmer, Kinderzimmer wie etwas völlig Beliebiges – kein Wunder, denn die leb- und lieblose Fabrikware aus minderwertigem Material widert selbst das toleranteste Auge nach einer Weile an.

Ideal sind lebendige Möbel aus Vollholz, vom Schreiner oder Tischler nach unseren Bedürfnissen und Möglichkeiten gestaltet und ausgeführt. Leider ist solide Handarbeit enorm teuer geworden. Gottlob existiert dank seiner Unverwüstlichkeit eine riesige Menge von brauchbarem und teils sehr ansprechendem Mobiliar bereits, über das wir oft nur um die Mühe des Abholens oder einen ganz geringen Preis verfügen können. Als ich mein Haus renovierte, war ich regelmäßiger Gast auf dem lokalen Wertstoffhof. Ich kann mich nicht an drei Besuche erinnern, an denen nicht völlig intakte Tische, Stühle, Kommoden,

Schränke und was nicht alles dort entsorgt wurde. Eine Schande, wenn man darüber nachdenkt.

Möbel kaufe ich ausschließlich gebraucht, nachdem ich mir genau überlegt habe, was überhaupt benötigt wird und welche Zweck es erfüllen muss. Das Internet ist hier der beste Platz (Ebay, Kleinanzeigenseiten) und auch ein Blick in die Zeitungen lohnt wie immer. Antiquariate sind oft überteuert und auch der lokale Trödelmarkt ist mittlerweile von Händlern so durchsetzt, dass man hier kaum noch akzeptable Geschäfte machen kann.

Ich berücksichtige bei der Dimensionierung auch die zukünftige Entwicklung meines Hausrats. Da ich beispielsweise recht regelmäßig Bücher erwerbe, habe ich meine Bibliothek mit entsprechenden Reserven geplant. Die Regale sind aus Vollholz, mit extra dicken Brettern, schlicht doch haltbar – ich habe sie aus einer Geschäftsaufgabe eines Antiquariats.

Billig einrichten geht zur Not schnell und kostet praktisch nichts. Aber billig ist nicht genug!

Die *richtigen* Sahnestücke, am besten aus der gleichen Stilperiode, in ähnlicher Farbe und Beschaffenheit, günstig zu bekommen, kann zwar eine Weile dauern und erfordert zudem eine gewisse Beschäftigung mit der Materie – vor allem wenn man von einem verfeinerten Geschmack geplagt wird – aber Zeit spielt ja bei mir ohnehin keine Rolle. Und warum sollte ich mich nicht ausgiebig mit Dingen beschäftigen, die mich mein restliches Leben begleiten werden?

Die Verfügbarkeit von bestimmten Stücken ist übrigens ein eindeutiger Nachteil, wenn man nur mit gebrauchten oder gar geschenktem Material arbeitet. Im Möbelhaus liegt das vermeintliche Traumwohnzimmer meist auf Lager bereit... und zwar in fünf Farbvarianten.

Ein weiterer Nachteil ist oder kann sein, dass man teilweise mit ramponierter Möbeln zu tun hat. Entweder man richtet sie dann selbst her – was gar nicht so schwer ist – oder man lässt kleinere Beschädigungen wie Kratzer oder Dellen einfach so, wie sie sind. Wir Menschen werden grau, faltig – warum sollen unsere stillen Mitbewohner nicht auch altern dürfen?

Ich finde *alte* Möbel charmant. Sie wirken lebendig und inspirierend auf mich. Sie haben eine Geschichte, sind irgendwie beredt. Sie haben jemandem gedient. Wem wohl? Und was hat er gedacht, als er die fein zerkratzte und abgewetzte Platte meines Schreibtischs in einem stillen Moment vor fünfzig oder gar hundert Jahren betrachtete? Was hat er geschrieben? Briefe? Rechnungen? Ein Gedicht für seine Liebste? Welche Bücher las er dort sitzend? Den Homer? Goethe? Auch genieße ich die Vorstellung, dass nach mir womöglich jemand anderes an diesem Möbel sitzen wird. Er wird die Kratzer sehen, die ich hinzugefügt habe und vielleicht ähnlichen Gedanken nachhängen.

Mein Schreibtisch, wenn wir gerade dabei sind, ist gewiss über einhundert Jahre alt. Ein braunes wuchtiges Ding, das um die 80kg wiegt. Die Zierleiste ist größtenteils abgebrochen – ansonsten ist der Gute aber bei bester Gesundheit. Ich habe ihn aus einer Haushaltsauflösung. Man schenkte ihn mir mit etlichem Anderem. Für den Abtransport musste ich mir lediglich einen LKW mieten, ein Freund half mir mit dem ein- und ausladen.

VIII. Körperpflege

Eingeseift

Ich habe eine sehr empfindliche, trockene und oft rissige Haut. Dieser an sich unerfreuliche Umstand hat den positiven Nebeneffekt, dass man sich zwangsläufig mit Körperpflege beschäftigt – meine Haut verträgt nämlich nicht viel! Ich bin auf Naturprodukte angewiesen, die möglichst wenig, am besten überhaupt keine Reizstoffe beinhalten. Trotzdem will ich stets sauber sein und gut duften...

Shampoo und Dusche: Ich benutze Wascherde – in unserem Fall einfach Heilerde aus der Drogerie; das ist billiger und erfüllt den gleichen Zweck. Ein Teil Wascherde mit einem Teil Wasser anrühren, fünf Minuten auf Haut und Haar einwirken lassen, gründlich ausspülen fertig – glänzendes und gesundes Haar, keinerlei Hautreizungen und minimale Kosten. Alternativ kann man auch mit Flüssigseife und Pottasche arbeiten: Auf 750ml Wasser, 50ml Flüssigseife und 10g Pottasche (Kaliumcarbonat). Verrühren, etwa eine halbe Stunde kochen und abfüllen, danach wie normales Shampoo oder Waschlotion benutzen. Weitere Rezepte dazu findet man im Internet.

Meine Frau benutzt eine Essigspülung, um dem Haar

zusätzliche Weichheit und Glanz zu verleihen: Ein Teelöffel Essig in einen Vierteilliter Wasser. Fertig.

Die Hände werden sparsam mit Kernseife gewaschenen. Ein Stück hält bei uns 2-3 Monate und kostet ca. 50 Cent.

Deo benutze ich ebenfalls sparsam. Dazu löse 1 Teelöfel Natron in 100ml Wasser auf, hinzu kommen einige Tropfen Zitronen- oder Lavendelöl (Lavendel im Winter, Zitrone im Sommer – Geschmackssache). Das Ganze fülle ich in eine kleine Sprühflasche aus Glas. Kostenpunkt ca. 60 Cent, hält 1-2 Monate.

Als Badezusatz benutzten wir nach Lust und Laune einen Beutelchen mit Gries, einen Liter H-Milch, einige Tropfen Öl etc. Nach dem Baden reiben wir uns dünn mit Körperöl ein. Kaltgepresstes Bio-Arganöl hinterlässt keinen störenden Film auf der Haut. Eine Flasche mit 250ml kostet 8€, es ging aber freilich auch billiger.

Mehr Körperreinigungsutensilien fallen mir nicht ein. Ich habe überschlagen, was wir an Pflege- und Reinigungsprodukten ausgeben und komme auf einen Betrag von etwa 15-20€ pro Jahr für vier Köpfe. Sicher ginge das noch günstiger, aber ich kann und will mir in dieser Sache den Luxus leisten, nicht auf jeden Cent achten zu müssen...

Angeschmiert

Der Kosmetikmarkt setzt jedes Jahr Milliarden um – Hautpflegeprodukte sind dabei die Spitzenreiter. Unsere Haut ist wie eine Visitenkarte; sie ist das, was andere an uns sehen. Daher muss sie glatt, weich und strahlend sein. Und weil Schönheit und Attraktivität – glaubt man der Werbeindustrie – eben nicht von innen kommen, sondern etwas rein Äußerliches sind, muss man etwas tun. Denn es ist völlig egal, ob man ein Schwachkopf oder eine Tussi ist, ob man im Leben keinen einzigen tieferen Gedanken gedacht, kein einziges gehaltvolles Buch gelesen hat – Hauptsache schön!

Schönheit ist das Versprechen, das uns die Pastenfabrikanten mittels perfekt geschminkter Frauen und Männer – die zweifellos nie die angepriesenen Produkte benutzen würden – geben. Von alleine können wir....kann unsere Haut nicht schön sein, zumindest dann nicht, wenn wir ein bestimmtes Alter erreicht haben. Sagen wir um die 20. Wir schmieren uns also ein und damit an. Nichts und niemand wird geschont. Selbst zarte Babyhaut wird unter Schichten von Pasten und Lotionen regelrecht begraben. Ob das gesund ist, wage ich zu bezweifeln. Gerade Körperlotionen und

Cremes strotzen nur so vor reizenden Chemikalien – ich kann ein Lied davon singen. Dabei ist gerade unsere Haut gar kein defizitäres Organ, sondern sie funktioniert erstaunlich gut, wenn man sie nur läst. Selbstreinigend, keimtötend, selbstheilend, selbstfettend – alles, was unsere Haut braucht, beschafft sie sich selbst. Gegen raue Witterung oder giftige Umwelteinflüsse genügt temporäres einfetten mit Melkfett. Nach dem Duschen oder Baden kann man sich dünn einölen. Mehr als Schweinefett hat meine Großmutter – eine jener dickbusigen Matronen im geblümten Arbeitskittel, die den Großteil ihres Lebens vor dem Herd und im Garten verbrachten und damit ganz zufrieden waren – nie verwendet und sie hatte bis ins hohe Alter eine strahlende, weiche, wenn auch nicht ganz faltenfreie Haut.

Haarig

Der Deutsche geht im Durchschnitt alle zwei Monate zum Friseur und lässt um die 20-26€ dort. Das sind im Jahr 120€ und mehr! Pro Kopf! Eine bedeutende Summe, wie ich finde. Ich stellte mir irgendwann die Frage, ob ich dafür eine Woche (ich arbeite ja nur wenige Stunden am Tag) malochen wollte? Sicher ich würde gut aussehen, wenn ich Putze oder Kisten schleppe oder Regale einräume oder was nicht alles... aber nein, lieber faulenze ich ein paar Stunden länger, lese ein Buch oder spiele mit den Kindern.

Laufe ich deswegen wie der Struwwelpeter herum? Mitnichten! Ich achte auf mein Äußeres, wer mich kennt, weiß das.

Man kann sich den Besuch beim Friseur sparen <u>und</u> trotzdem eine gepflegte Erscheinung wahren – was man schon aus Respekt vor seinen Mitmenschen tun sollte, die ja den eigenen Anblick ertragen müssen! Wie geht es? Man schneidet sich die Haare einfach selber. Das erfordert etwas Übung, sicher. Gerade am Anfang kann auch mal etwas daneben gehen, was aber meist kein großes Drama ist. Lieber häufiger, doch weniger schneiden, bis man sicherer wird. Hat man aber einmal

Dreh raus, kann man einen simplen Schnitt auch vor dem Spiegel recht ordentlich ausführen. Noch leichter ist es, wenn ein Familienmitglied diese Aufgabe übernimmt. Meine Frau hat sich dankenswerter Weise diesem Dienst in unserem Haushalt verschrieben und nach etlichen Jahren eine bemerkenswerte Kompetenz darin entwickelt.

Bücher zum Thema selber schneiden gibt es massenhaft. Manche sind besser, manche schlechter. Ich würde mich zuerst mit den Grundlagen beschäftigten, alles weitere ergibt sich dann von selbst.

IX. Kleidung

Notwendiges

Ich erwähnte, dass ich über ein unübersichtliches Konvolut aus Kleidungsstücken verfüge. Manchmal schäme ich mich meines Reichtums ein wenig. Immerhin gelingt es mir immer nur ein Hemd, einen Satz Unterwäsche, eine Hose etc. zur gleichen Zeit zu tragen. Auch ziehe ich mich tagsüber nicht gerade häufig um – außer ich gerate mit Schmutz in Berührung.

Weil Kleidung in unserer Gesellschaft ein Wegwerfprodukt ist, stehen einem wahnsinnige Ressourcen zur Verfügung. An jeder Ecke in meinem Dorf steht ein Kleidercontainer – immer bis zum Bersten gefüllt. Welcher Überfluss! Ich könnte tausende Kleidungsstücke besitzen. Mein ganzes Haus könnte ich bis unter die Decken mit Stoff und Tuch füllen.

Trotzdem habe ich mir Gedanken dazu gemacht, was man wirklich braucht und wie es beschaffen sein sollte. Ich will auch in Anbetracht der Überfülle an meiner sparsamen Lebensweise festhalten.

Sämtliche Kleidung sollte zeitlos im Geschmack sein. Dezente Farben und Formen sind zu bevorzugen. Das weiße Hemd des Mannes und der dunkelblaue oder schwarze Anzug kommen nie aus der Mode – Frauen haben hier eindeutig Nachteile, doch auch für sie gibt es zeitlos schöne und praktische Stücke.

Ideal sind drei Paar gutes und festes Schuhwerk. Halbschuhe für Frühling, Sommer und Herbst, gefütterte Stiefel für den tiefsten Winter. Letztere wie auch Flipflops sind kein Muss. Ich besitze zwar entsprechendes Schuhwerk, ziehe es aber nicht an, weil es mir einfach zu klobig ist. Schließlich – ebenfalls unnötig – für besondere Anlässe wie die eigene Hochzeit oder Beerdigung ein paar feine Schuhe, schwarz. Wer es sich leisten kann, lässt seine Halbschuhe, die er überwiegend benutzt, vom Schuster aus haltbarstem Material maßanfertigen. Das kostet leider einige Hundert Euro. Ist die Sohle abgelaufen, ersetzt man sie einfach. Ein solches paar Schuhe wird einen Menschen Jahrzehnte, vielleicht sein Leben lang, begleiten. Darum lohnt sich die Investition – wenn man über die Mittel verfügt.

Finger weg von Billigprodukten! Der niedrige Preis geht immer auf Kosten der Qualität, regelmäßige Neuanschaffungen heben auch die vermeintliche Ersparnis im Nu auf.

Ideal sind mindestens sechs paar Socken, weniger tun es auch, mehr sind jedoch wünschenswert. Zwei paar dicke, wollene für den Winter, zwei paar normale und zwei Paar leichte Socken für Hitzetage. Zwei Paar von jedem – damit man immer Wechseln kann. Die Socken sollten aus echter Wolle (gute Erfahrungen habe ich mit Merinowolle gemacht) sein, so bilden sich keine Gerüche und man kann das gleiche Stück länger tragen.

Zwei Sets langer Unterwäsche für den Winter.

Vier Paar Unterhosen. Wenn man als Mann das letzte Tröpfchen geduldig abwartet oder mit einem Schnipsel Toilettenpapier aufsaugt, kann man eine Unterhose auch im Sommer mehrere Tage problemlos tragen – wir wollen doch ehrlich miteinander sein.

T-Shirts sind gewöhnlichen Unterhemden vorzuziehen, da bei letzteren der Achselschweiß ungehindert in Hemd oder Pullover eindringen kann, was häufigeres Waschen erforderlich macht. Shirts kann man zudem im Sommer tragen, ohne irritierte Blicke auf sich zu ziehen. Die Farbe weiß ist selbstredend.

Was die Oberbekleidung anbelangt, so richtet sich diese sowohl nach den Erfordernissen, als auch nach dem Geschmack ihres Trägers. Arbeitet man in einer Bank, wird man sich anders zu kleiden haben als am

Fließband einer Fabrik. Grundsätzlich gilt jedoch, dass die Kleidung pflegeleicht, haltbar und von zeitloser Eleganz sein sollte. Spezielle Arbeitskleidung, die besonders reinlich bleiben soll oder besonderen Belastungen wie Schmutz oder Gerüchen ausgesetzt ist, ist von der Alltagskleidung getrennt aufzubewahren und zu waschen.

Als Kälteschutz ist der Mantel <u>immer</u> der Jacke vorzuziehen. Langmäntel von Schurwolle oder besser noch Loden sind kleidsam, pflegeleicht, haltbar, gesund und halten warm und trocken. Auch sind sie günstig gebraucht zu erwerben. Ich besitze und trage den Lodenmantel meines Großvaters. Das liebe Stück sieht aus wie neu und ist ohne jeden Geruch. Lediglich den Innensaum habe ich einmal ausbessern lassen. Im Sommer lüfte ich ihn aus, ein Lavendelbeutelchen aus dem Garten verscheucht die Motten. Der Mantel ist mindestens 20 Jahre älter als ich und ich fürchte, er wird mich bei weitem überleben...

Bezugsquellen für Kleidung

Beste Erfahrungen habe ich mit Internetkleinanzeigenbörsen (was für eine erhabene Wortschöpfung!) wie Ebay-Kleinanzeigen, markt.de oder quoka.de etc. gemacht. Die Sahnestückchen sind zwar auch dort rar gesät, wenn man aber regelmäßig sucht, wird man mit der Zeit auch fündig. Wichtig ist, dass man nicht auf vermeintliche Edelmarken achtet, sondern auf <u>echte</u> Qualität. Pullover, Unterwäsche, Bettzeug und überhaupt alles Wollene bevorzuge ich direkt vom Hersteller zu erwerben. Mit den Produkten von Finkhof beispielsweise bin ich hoch zufrieden. Neu kosten die Sachen zwar ihren Preis, sind es aber langfristig gesehen wert. Der Grund, warum man sie gebraucht nur selten findet, ist ihre extreme Langlebigkeit. Einem Herrn habe ich einen vierzig Jahre alten Troyer aus reiner Schurwolle abgekauft, den dieser immer bei seinen Bergwanderungen getragen hat. Kein Geruch, keine Schadstelle – das Stück ist wie neu. Die 30€, die er für den Troyer verlangt hat, waren eine hervorragende Investition. Neu zahlt man über 100€.

Material und Verarbeitung

Was ich nicht ausgeben muss, muss ich nicht verdienen. Was nicht geflickt oder ersetzt werden muss, macht mir keine Mühe, raubt mir keine Zeit, die ich zweifellos besser und angenehmer verbringen kann, als mich um meinen Besitz zu kümmern.

Echtwollene Oberbekleidung wie Mäntel, Jacken, Hosen und Pullover müssen <u>überhaupt</u> nicht gewaschen, lediglich ausgehängt und gelegentlich ausgebürstet werden. Auch eingetrockneter Schmutz wird einfach ausgeschlagen und abgebürstet. Ist eine Reinigung von Hand nicht mehr möglich, muss man eine Trockenreinigung aufsuchen – dies sollte aber nur sehr selten vorkommen, da Wollenes von Natur aus schmutzabweisend und geruchsneutralisierend ist. Wäscht man Wolle mit herkömmlichen Waschmittel verliert sie zusehends ihre guten Eigenschaften.

Baumwollsachen müssen dagegen regelmäßig gewaschen werden. Sie nehmen Gerüche und Schmutz leicht an. Dies macht sie zu erstaunlich schnell verschleißenden Kleidungsstücken, die ich aus eben diesem Grund nur gebraucht kaufe. Auch hier gibt es jedoch Unterschiede. Die Stoffdicke, der Eigengeruch und die Verarbeitung der Nähte können als Anhaltspunkte zur Bestimmung der Qualität dienen.

Baumwollene Unterwäsche sollte kochbar sein, auch wenn man sie im Alltag nur bei 60Grad wäscht.

Maschinelles Waschen

Auf Kurz oder Lang wird man an der Waschmaschine, diesem beliebten und geschätzten Hilfsmittel, nicht vorbeikommen. Sicher gibt es die Möglichkeit der Handwäsche in der Badewanne und für eine Einzelperson mag das sogar ein gangbarer Weg sein. Hat man allerdings schlamm- und dreckliebende Kindlein im Hause, sieht die Sache schon anders aus.

Gute Waschmaschinen halten sehr, sehr lange. Es gibt Tüftler, die ausrangierte Markenprodukte wieder auf Vordermann bringen. Häufig gehen nämlich nur leicht zu ersetzende Verschleißteile wie etwa der Triebriemen für die Trommel kaputt. Ein Blick in Zeitung und Internet lohnt – auch Luxusgüter wie diese gibt es massenhaft und billigst. Vor Keimen muss man sich nicht fürchten. Einmal leer auf 95Grad laufen lassen und die Trommel ist steril.

Ich habe vor ein paar Jahren eine neue Maschine bei einem großen Elektronikmarkt erworben. Ich kaufte das billigste Produkt zu 199€ – eine Investition, die ich heute so nicht mehr tätigen würde. Bislang hatte ich leider noch keine Möglichkeit, es besser zu machen, denn das Maschinchen läuft und wäscht tadellos.

Moderner Maschinen bieten allerhand Schnickschnack, den ich für unsinnig oder überflüssig halte. Ob meine Wäsche etwas feuchter oder trockener aus der Trommel kommt, interessiert mich nicht – ich hänge sie so oder so ein bis zwei Tage auf. Auch hübsch-bunte Displays und herrliche Melodien reißen mich nicht vom Hocker.

Als Waschmittel benutze ich Waschnüsse. Für normal verschmutzte Wäsche ist das völlig ausreichend. Drei bis vier Nüsse in ein Säckchen und kräftig drauftreten, bis sie zerspringen (Masel tov!). So ein Säckchen kann man zwei bis dreimal benutzen. Wichtig ist der Kauf in der ganzen Nuss und in großer Menge, weil das viel, viel günstiger ist, als ein bereits zerhacktes bzw. in Waschmittel aufgelöstes Produkt zu erwerben. Ich habe einen geschätzten 5-Jahres-Vorrat (2,5kg) für 9,95€ (plus drei Säckchen!) im Internet erstanden. Angeblich ersetzen die sauren Eigenschaften der Waschnüsse den Weichspüler. So großartig dieses Naturprodukt auch ist, so weich, wie ich mir meine Laken wünsche, wäscht die Nuss beileibe nicht. Als zusätzlichen Weichspüler gebe ich daher ein Schnapsglas voll Essigessenz zu jeder Wäsche – angenehmer Nebeneffekt: Die Maschine wird so regelmäßig auch sanft entkalkt. Der Essiggeruch wird selbstverständlich im Laufe des

Waschprozesses vollkommen neutralisiert.

X. Essen

Speis und Trank

Wir, meine Familie und ich, gaben, bevor wir unser Leben radikal zweckmäßig umgestaltet, uns befreit haben, ca. 600€ für Nahrung und Drogerieartikel im Monat aus. Das ist für 4 Köpfe wohl eher durchschnittlich. Manch einer gibt mehr aus, manch einer weniger. Jetzt benötigen wir alles zusammen noch 350€, wobei „benötigen" hier ein eher missverständlicher Terminus ist. Wir kämen auch mit weniger, weit weniger aus. 350€ ist der Betrag, den wir freiwillig auszugeben bereit sind, um solche Güter zu erwerben, die deutlich *über dem lebensnotwendigen Bedarf* liegen. Doch zunächst brachte die Umstellung unserer Einkaufsgewohnheiten natürlich einige Veränderungen mit sich. Wir mussten uns zunächst an unser neues Budget anpassen, mussten lernen, damit auszukommen. Als dann der Lernprozess abgeschlossen war, stellten wir erfreut fest, dass unser Budget eben nicht nur ausreichend war, sondern sogar noch Möglichkeiten zur Verschwendung, zum Luxus bot – die wir seither reichlich ausnutzen.

Neben dem Einsparungseffekt hat die Umstellung unserer Essgewohnheiten auch noch andere

Nebenwirkungen gezeitigt:

Ich habe etwas an Gewicht zugenommen, meine Frau abgenommen.

Wir sind alle insgesamt gesünder, bzw. wir sind praktisch nie krank.

Wir sind agiler und unternehmungslustiger.

Wir sind sehr ausgeglichen.

Unsere Mahlzeiten sind von exquisiter Köstlichkeit und…

sie schmecken uns umso besser, wenn der Koch ihren Preis – unsere fiktive Rechnung – benennt.

Die Herrschaften: Frischen Salat, frisches Brot, eine Käseplatte und zum Nachtisch selbstgebackener Apfelkuchen, für vier Personen, das macht 3,50€ bitteschön,

Trinkgeld? Gerne!

Ein guter Whisky, eine feine Zigarre, ein Bierchen, eine Flasche Wein, ein Eis in der Stadt etc. – diese „unnötigen" Ausgaben, dieser Luxus, den wir uns für unser Budget leisten können, sind der Lohn für gesundes, leckeres Essen, das ohne Mühe zubereitet wird.

Der Leib ist nicht wählerisch, der Gaumen schon

Was wir brauchen um gut und gesund zu überleben: Obst, Gemüse, Getreide, Wasser. Am besten alles ohne Gift – das ist viel verlangt, ich weiß.

Unser Körper ist nicht wählerisch. Wäre er es, hätte der Mensch unmöglich unwirtliche Klimazonen besiedeln können. Man kommt mit wenig, mit sehr wenig zurecht. In dieser Hinsicht sind wir eine erstaunlich zähe und überlebensfähige Spezies. Ein gesund ernährter Mensch, der in einem gesunden Haus wohnt, der Stress und Überanstrengungen meidet, ist meist auch selbst gesund, schlank, kräftig, belastbar, agil etc. Ein gesunder Geist wohnt in einem gesunden Körper.

Ernähren wir uns dagegen falsch, d.h. leiden wir in all der vermeintlichen Überfülle, die uns von den bunten Regalen des Supermarktes entgegen schreit, *Mangel am Nötigen* oder nehmen *zu viel von Unnötigem* auf, dann signalisiert uns der Körper dies sehr schnell und eindeutig: Wir entformen uns, d.h. werden fett oder dürr, fühlen uns unwohl, werden endlich krank und krepieren nach Jahren andauernder Beschwerden an irgendeinem Krebs oder Herz-Kreislaufleiden.

In der Ersten Welt tötet Überfluss, in der Dritten Mangel.

In den alten Zeiten hatten man keine Wahl: Gegessen wurde, was verfügbar war. Oft herrschte Mangel an irgendetwas, selten Überfülle. Daher ist der Mensch auch grundsätzlich so beschaffen, dass er mit Mangelsituationen weit besser zu recht kommt, als mit dem praktisch in der Natur nie oder nur in engster zeitlicher Begrenzung vorkommendem Überfluss. Daher schadet uns hier in der Ersten Welt das Zuviel an Nahrungsmitteln. Wir haben größte Schwierigkeiten das basalste unserer Bedürfnisse – nämlich zu essen – zu befriedigen. Zudem spielt uns eine natürliche Veranlagung einen Streich: Weil unser Leib darauf programmiert ist, mit Mangelsituationen umzugehen, sind diese doch unmittelbar lebensbedrohlich, fressen wir stets so, als wäre es unsere letzte Mahlzeit. Unser Bauch weiß nichts vom gefüllten Vorratsschrank, vom Supermarkt und der Fertigpizza. Gierig nimmt er, was man ihm gibt, weil er zukünftigen Hunger fürchtet. Darum werden wir fett. Darum bevorzugen wir Süßes und Fettiges, weil es uns erlaubt, Energie im Körperfett einzuspeichern. Darum essen wir uns krank.

Wir erzeugen eine natürliche Ernährungssituation

mittels unseres Einkaufszettels. Strikt wird nur angeschafft, was darauf notiert wurde. Alles andere existiert einfach nicht.

Weniger Varianz, besserer Mix

Unser Speiseplan gehorcht folgenden Regeln.

1. Was in der Gegend wächst und angebaut wird, wird auch gegessen.

2. Was gerade reif ist, wird gegessen – billig, besserer Qualität.

3. Unverarbeitete, sofort genießbare Lebensmittel, d.h. Obst und Gemüse, Nüsse, Samen etc. werden bevorzugt. In meinem Einkaufskorb machen diese Produkte, etwas mehr als die Hälfte aus. Frische, unverarbeitete Produkte sind zudem extrem billig.

4. <u>Alles</u> wird selbst gekocht und zubereitet. <u>Keine Fertigprodukte!</u> Es ist übrigens erstaunlich, wie leicht und billig man Pizza, Nudeln, Gebäck etc. selbst herstellen kann.

5. Es wird nur einmal am Tag warm gegessen.

6. Käse und Milchprodukte sind – Luxus. In entsprechend niedriger Quantität werden sie verzehrt.

7. Selbstgebackenes Brot ist des Menschen bester Freund – dieser wunderbaren Speise habe ich ein eigenes Kapitel gewidmet.

8. Kein Fleisch, kein Fisch!

9. Wasser aus der Leitung.

Solche Regeln erscheinen zunächst abstrakt. Ich will daher beschreiben, was und wie wir jeden Tag essen und was es annäherungsweise kostet.

Was wir essen und was es kostet

<u>Frühstück</u>

(für mich die wichtigste Mahlzeit des Tages)

Kaffee mit Milch (Markenkaffee kaufen ich immer im Angebot und dann in größerer Stückzahl. Wir trinken viel Kaffee!). Warme Milch oder Tee für die Kinder. Haferflocken mit frischem Obst und Milch oder Brot mit Quark und Marmelade – 2-3€ pro Tag.

Danach wird gekocht, meistens für gleich für 2 Tage.

<u>Mittagessen</u>

Gemüseeintopf oder ein Reis mit Gemüse oder Nudeln mit selbstgemachter Tomatensoße oder Kartoffeln mit irgendeinem Gemüse oder Salat mit Käse und Körnern oder was wir sonst ohne größeren Aufwand fabrizieren können.

Dazu trinken wir im Sommer Wasser, im Winter Kräuter- oder Früchtetee. – ca. 2-5€ pro Mahlzeit für 4 Personen

Nachmittags

Süßigkeiten! Ich backe regelmäßig Obstkuchen oder Haferkekse. Beides geht schnell und ist sehr billig. Gesüßt wird ausschließlich mit Vollrohrzucker oder Honig – beides in geringen Mengen. Im Sommer gibt es auch Joghurt mit gesüßten Früchten oder einen Fruchtsalat oder einen Apfel (ja, meine Kinder betrachten einen Apfel als große Köstlichkeit).

Die Kinder trinken Tee, Wasser oder auch mal warme Milch mit Honig, die erwachsenen Kaffee. – 2-4€ pro Tag

Vesper

Meistens Butterbrote mit Tomaten, Paprika, Gurken, Karotten, auch ein wenig Käse beizeiten oder Obst oder kalte Reste vom Mittagessen und was nicht alles. Dazu Wasser oder Tee. 1-3€/Tag.

Als Betthupferl gönnen sich Vater und Mutter selten <u>ein</u> Gläschen Whisky, <u>ein</u> Glas Wein oder einfach <u>ein</u> Bier, dazu noch seltener ein Pfeifchen, eine Zigarre oder eine Zigarette. - 1-2€/Woche.

Wir geben durchschnittlich 7-15€ pro Tag für Lebensmittel aus. Die Erfahrung zeigt, dass wir persönlich eher am unteren Ende des Spektrums rangieren. Denn unsere <u>gesamten</u> Einkaufskosten, nebst Drogerieartikel, Reinigungsmittel, Wascherde liegen bei 10-13€ pro Tag. Was am Monatsende dann vom festgesetzten Budget übrigbleibt wird schamlos in Luxusartikel wie Tabak oder Alkohol umgesetzt oder beim gemeinsamen Eisessen verbraten.

Wie ich zufällig Vegetarier wurde

Betrachtet man sich meinen Speisezettel, stellt man schnell die Abwesenheit von Fleisch und Fisch fest. Ich bin ein Vegetarier, meine Kinder sind es und auch meine Frau. Tatsächlich habe ich aber niemals die Entscheidung dazu bewusst getroffen. Ethische oder gesundheitliche Gründe – mag es davon auch viele und sehr gewichtige geben – spielten bei der Erstellung meines Speiseplans keinerlei Rolle. Ich befriedige mit dem Essen zwei Bedürfnisse: Das nach *Sättigung* und das nach *Genuss* – ich bin ein bekennender *Hedonist* im *vernünftigsten* aller Sinne.

Alles begann damit, dass meine Kinder eine deutliche Abneigung gegen Fleisch zeigten. Sie mögen bis heute Paprika und Birnen und Karotten und Brot. Aber Schnitzel oder Würstchen ließen sie liegen. Also kaufte ich kein Fleisch mehr. Ich muss zugeben, dass ich mir ohnehin nicht viel aus Fleisch mache. Das billige aus dem Discounter ist meiner Meinung nach nur in Ketchup oder Soße schwimmend essbar, das „gute" Steak aber ist mir schlichtweg zu teuer im Verhältnis zum flüchtigen Genuss, den es mir bringt. Außerdem liegt es schwer im Magen. Nach ein paar Monaten kam ich mit meiner Frau eher zufällig darüber ins Gespräch. Wir schrieben gerade eine Einkaufsliste, da fragte sie mich, wann wir eigentlich das letzte Mal ein Fleischgericht gekocht hätten. Erst in diesem Moment wurde mir richtig bewusst, dass wir vegetarisch lebten.

Sehr bewusst bemerke ich dagegen, dass wir seit einiger Zeit immer weniger Milchprodukte zu uns nehmen. Die warme Milch der Kinder bleibt halb voll zurück, die Käsewürfel, einst kunstvoll zur Pyramide gestapelt, die die allabendliche Brotzeit zieren und den Appetit der Kleinen stimulieren sollte, bleiben unangetastet zurück. Manchmal habe ich die Ahnung, dass ein Mensch, der nur nach seinen Bedürfnissen isst, irgendwann zwangsläufig zum Veganer wird.

Ich mag mich indes irren. Meine Ernährungsgewohnheiten folgen keiner Ideologie oder ethischen Überlegungen, wie ich gezeigt habe. Ich habe keine Bücher übe Vegetarismus oder Veganismus gelesen. Ich besitze auch keine entsprechenden Kochbücher. Ich esse allein nach Hunger und Lust.

Unser täglich Brot gib uns heute...

Ein Sternekoch wurde einmal in einem Interview gefragt, welche Speise er wählen würde, wenn er sie, und nur sie, den Rest seines Lebens zu sich nehmen müsste. Er antwortete ohne zu zögern: Brot.

Ein kluger Mann.

Das *täglich Brot* ist sprichwörtlich – und nicht ohne Grund. Keine andere Speise nährt den Menschen so gut. Dabei ist es äußerst variantenreich und schmackhaft. Ob indischer Fladen oder fränkisches Landbrot, die Kombination von Wasser und gemahlenem Getreide (Mehl) sättigt uns schon seit Jahrtausenden.

Ich backe mein Brot selber. So schmeckt es besser und ich weiß, welche Zutaten verarbeitet wurden. Außerdem kostet es nur einen Bruchteil dessen, was ich selbst beim Discounter bezahlen müsste. Brotbacken geht einfach und schnell. Den Teig für einen 3,5kg Laib setze ich in sechs Minuten an. Ich bin nach etlichen Jahren in dieser Tätigkeit recht geübt. Als Anfänger habe ich zehn Minuten benötigt. Weil ich mir die Hände nicht schmutzig machen will, benutze ich übrigens einen mechanischen Teigrührer. Danach lasse ich das Ganze eine Stunde ruhen, backe es ca. eine Stunde und lege es dann eine weitere Stunde in das belüftete Brotfach meiner Grucco-Küche. Den Teig, kann man auch gut über Nacht stehen lassen.

Was die Zutaten angeht, bin ich ganz wahllos. Gut muss es sein, das ist alles. Ich wiege nichts und messe nichts. Stattdessen habe ich ein eigens angelegtes Vorratsfach, in dem verschiedene Mehle, Körner, Samen, Flocken und was nicht alles noch auf ihre Verwendung warten. Die Zutaten kaufe ich gleichfalls nach Gutdünken. Ich weiß noch nicht einmal was die Zahlen auf den Mehlpackungen bedeuten – es kümmert mich auch nicht. Meine Schüssel fülle ich willkürlich oder nach dem Stand der Vorräte oder ich nehme einfach, was mir gerade unter die Hände kommt oder ich lasse meine Kinder entscheiden. Wichtig ist nur, dass der Anteil von Mehl höher als der der Körner ist, sonst fällt das Brot später auseinander. Dazu kommt ein Block Frischhefe zu 9 Cent und vier gestrichene Teelöfel Meersalz (kein Tafelsatz!). So schmeckt mein Brot jedes mal ein wenig anders – mal feiner, mal herzhafter, aber immer köstlich.

Sauerteig benutze ich nicht. Stattdessen rühre ich einen

Esslöfel weißes Joghurt oder Quark ein. Lange halten muss mein Brot ohnehin nicht – in zwei bis drei Tagen ist es bis auf den letzten Krümel verputzt und bis dahin bleibt es allemal frisch und saftig.

Überschlägig kostet mich ein 3,5kg Laib um die 1,5€. Sobald es ausgebacken ist, bestürmen mich, vom Duft angelockt, die Kinder – nichts mundet köstlicher als ofenwarmes Brot.

XI. Mobilität

Das Deutschen liebstes Kind

Neben Lebensmitteln und Heizkosten bildet die Mobilität, d.h. mein Auto, die dritte große Position in meinen Ausgaben.

Leider brauche ich ein Auto, nein, ich glaube es zu brauchen. Richtig ist, dass ich eines besitzen *will* und erfreulicherweise auch *kann*. Ich fahre einen Kleinwagen, im Moment einen Opel Corsa, BJ 1992, 200.000km, Rostschäden aber mit Sonnendach und CD-Spieler! Versicherung und Steuern betragen zusammen im Jahr knapp 290€, das sind pro Monat ca. 25€. Dazu kommt die TÜV-Gebühr mit gerundeten 3€ pro Monat. Der reine Besitz meines Wagens kostet mich also knapp 30€ im Monat; ich bin aber noch keinen einzigen Kilometer gefahren. Die Positionen Sprit, Reparaturen, Reifen, Reinigungskosten sind stark nutzungsabhängig sowie vor allem beim Tanken starken Preisschwankungen unterlegen. Je mehr ich fahre, desto höher liegen naturgemäß die Kosten. Im meinem Fall muss ich jeden Monat nochmal um die 70€ drauf packen, bin also bei 120€ Fixkosten. Darin ist aber nun nicht gerechnet, dass mein Wagen am Ende seiner Lebenserwartung ist. In ein paar Monaten oder, wenn ich Glück habe, Jahren steht eine unvermeidliche Neuanschaffung an. Ich wechsle meine Auto im Durchschnitt etwa alle drei Jahre und kaufe für ca. 600€. Ich kaufen, was immer in diesem Preisrahmen verfügbar ist, kaufe für *mein* Geld, was fährt und noch ein paar Monate TÜV hat. Manchmal treffe ich es besser, manchmal schlechter. Der Wiederverkaufswert meiner Wagen vernachlässige ich gemeinhin in meiner Rechnung. 600€ Investition pro 36 Monate macht weitere 17€ – ich runde auf 20€ – monatlich Belastung. Ich komme also in meinem Fall auf 120€ pro Monat – soviel kostet mich der Besitz und die Benutzung meines Wagens.

Das ist viel Geld, darum einige Tipps zum Sparen:

Ich kaufe <u>immer</u> gebraucht, <u>immer</u> mit TÜV. Der Kilometerstand spielt keine Rolle für mich, der Vorbesitzer dafür schon. Bei einem biederen Rentner, der seinen Kleinwagen seit zwanzig Jahren nur zum Einkaufen und der obligatorischen Reise in die Lüneburger Heide benutzte, der ihn jeden Samstag wusch und jeden Abend einen Gutenachtkuss gab, machen mir 200.000km und ein paar Dellen wahrlich nichts aus. Bei einem zwielichtigen Gebrauchtwagenländer rühre ich den im Ausland gepatschten und erstaunlich günstigen Unfallwagen mit nur 10.000km nicht an.

Ich habe nur eine Kfz-Haftpflichtversicherung, die billigste Variante. Ich vergleiche auf einschlägigen Portalen im Internet – eine feine Sache.

Ich fahre ausschließlich <u>Kleinwägen</u> mit möglichst <u>schwacher Motorisierung</u> wegen der geringeren Unterhaltskosten. Moderne Kleinwägen, sagen wir ab den 80ern, sind ausnehmend komfortabel und praktisch. Auch zu viert, vor allem bei kurzen Strecken, fährt man bequem. Der wöchentliche Einkauf passt ohne weiteres in den Kofferraum – wir kaufen ja keine Wasserkästen. Würden wir in Urlaub nach Italien fahren – und irgendwann werden wir das sicher einmal tun – griffen wir auf Bahn oder Flugzeug oder Reisebus zurück und nutzten vor Ort höchstwahrscheinlich öffentliche Verkehrsmittel.

Nett an kleinen Autos ist, dass man immer einen Parkplatz findet. Auch über die Ausstattung kann sich ein Mensch, dem es auf das Wesentliche (Mobilität in diesem Fall) ankommt, kaum beschweren. Radio, bequeme Sitze, umklappbare Rücksitze, d.h. wenn nötig, recht großer Stauraum – was will man eigentlich noch mehr?

Ich bin mit meinen Autos umgezogen, habe Baumaterial transportiert, und auch, wenn es nötig war, extreme Langstrecken über mehrere Tausend Kilometer zurückgelegt. Das war teilweise anstrengend, teilweise musste ich auch viel öfter fahren (als z.B. mit einem Transporter) und habe dadurch Zeit verloren, aber funktioniert hat es immer und Zeit habe ich dank meiner Lebensweise ja im Überfluss.

Hat mein Auto irgendwann ausgedient, bzw. lohnt sich eine anstehende Reparatur, ohne die man keine neue TÜV-Plakette bekommt, nicht mehr, verkaufe ich das Stück auf Ebay im Bietverfahren. Meistens kommen dann irgendwelche zwielichtigen Gestalten, versuchen – ohne Erfolg – noch mal den Preis zu drücken, laden den Wagen auf einen Laster, auf dem schon andere, teils arg zugerichtete Vehikel stehen, und verschwinden wieder. Vielleicht wird der geneigte Leser einem meiner Autos einmal begegnen – bei einem Händler am Stadtrand neben der Autobahn...mit nur 10.000km auf dem Tacho. Top-Preis! Alles repariert. Nun, viel Spaß damit!

Vom Reisen

Es kommt vor, selten genug, aber hin und wieder bin ich auch dazu gezwungen, wenn ich mich auch jedes mal dagegen sträube, dass ich Reisen muss.

Beim Reisen lege ich vor allem Wert auf <u>Komfort</u> und <u>Preis</u> – die Schnelligkeit ist zweitrangig. Ich möchte mein Ziel günstig und entspannt erreichen. Auf der Autobahn fahre ich daher strikt 120-130km/h. Wenn es sich einrichten lässt, reise ich am Abend oder in der Nacht, wenn die Straßen leer sind. Ich höre Musik oder ein Hörbuch oder ich hänge einfach meinen Gedanken nach. Komme ich an, bin ich ausgeruht und meist bester Laune.

Wann immer es möglich ist, benutzte ich Fernbusse. Tickets gibt es bereits ab wenigen Euro. Ich habe diesen in Deutschland erst seit Kurzem existierenden Service mehrmals in Anspruch genommen und war immer hoch zufrieden. Meistens starten die Busse an oder in unmittelbarer Nähe von Bahnhöfen großer Städte, was die Anschlussmöglichkeit an lokale Verkehrsmittel erheblich erleichtert.

Fliegen ist zwar schnell und vergleichsweise günstig,

allerdings dauert das Ein- und Auschecken seine Zeit. Zudem liegen vor allem kleinere Flughäfen oft verkehrstechnisch ungünstig. Sie sind verständlicherweise an den Rand der Besiedlungen oder auch ganz ins Off verbannt, was zusätzlichen Transfer nötig macht. Fliegen macht meiner Ansicht nach innerhalb eines so kleinen und verkehrstechnisch gut erschlossenen Landes wie dem unseren so gut wie nie Sinn.

Traurig ist meine Bilanz bezüglich der Bahn. Einst als billiges Massentransportmittel konzipiert, ist das Reisen auf den Gleisen mit die teuerste Art sich in Deutschland fortzubewegen und zudem schrecklich langsam, wenn man die kostspieligen ICE-Verbindungen meidet. Längeres Reisen wird einem durch häufiges Umsteigen, Wartezeiten und mithin den einen oder anderen verpassten Anschluss verleidet. Mit dem Wochenendticket aufs Land zu fahren oder eine nahe Stadt zu besuchen, hat trotzdem einen gewissen Charme, denn man sieht recht viel von der Landschaft. Bahncards bringen Rabatte auf den Ticketpreis, sind allerdings kostenpflichtig. Die Bahncard 100% kostet 379€ im Monat – dafür kann ich 3 Autos unterhalten und bewegen!

Drahtige Esel

Fahrräder sind unerreicht günstig in der Anschaffung und im Unterhalt, flexibel und man findet immer eine Unterstell- bzw. Parkmöglichkeit. Vor allem im urbanen Lebensraum ersetzt es in Kombination mit Bus oder Straßenbahn (wohin man sein metallenes Ross natürlich mitnehmen kann) mühelos das Auto. Ein Fahrradkorb vorne, einer hinten, plus ein Rucksack auf dem aerodynamisch gekrümmten Rücken des stolzen Reiters ermöglichen diesem sogar Großeinkäufe, wenn man auf den Kasten Bier verzichten kann. Die Benutzung dieses Gefährts ist zudem körperlich ertüchtigend. Will man übrigens auf den Kasten Bier nicht verzichten, kann man in einen Fahrradanhänger investieren. Dieser ersetzt spielend einen kleinen Kofferraum, macht allerdings das Fahren, vor allem bergauf beschwerlich und verhindert das flexible Umsteigen in öffentliche Verkehrsmittel.

Fahrräder sind weder steuer- noch versicherungspflichtig, günstig selbst zu reparieren und zu warten und gebraucht spottbillig, teils sogar kostenlos, zu bekommen. Als ich als Student noch in der Stadt wohnte, habe ich übrigens möglichst billige und ramponierte Fahrräder benutzt, da diese wunderbaren Gefährte – wen wundert es? – allzu schnell kriminelle Begehrlichkeiten bei unseren Mitmenschen erwecken.

Roller, Mofas – das beste beider Welten?

Eine Alternative, die vielleicht die beste aller zwei Welten miteinander verbindet, ist der Motorroller (bis 50ccm) oder das Mofa – also ein – je nachdem aus welcher Perspektive man es betrachten möchte – motorisiertes Fahrrad oder ein in der Mitte halbiertes Auto ohne Dach.

Ein Roller fährt knapp 50km/h. Das ist nicht zu langsam. Kürzere bis mittlere Strecken legt man zügig zurück. In der Stadt ist der Roller aufgrund der hier herrschenden Geschwindigkeitsbegrenzungen dem Automobil ebenbürtig. Berge und Steigungen sind kein Problem. Auch kostenlose Parkplätze in urbanen Zentren finden sich in ausreichender Zahl, wenn man nicht ohnehin wild parkt. Ein gebrauchtes Vehikel kostet etwas mehr als ein Fahrrad. Viele Wartungs- und Reparaturarbeiten kann man selbst erledigen oder recht günstig in der spezialisierten Werkstatt seines Vertrauens durchführen lassen. Eine TÜV-Plakette benötigt man nicht, wohl aber muss eine Jahresversicherung abgeschlossen werden – Kostenpunkt je nach Anbieter um die 60€. Auch der Spritverbrauch hält sich Grenzen. Entsprechende

Koffer an den Seiten, die man unbedingt installieren sollte, bieten erstaunlich viel Staubraum. Eine zweite Person kann man mitnehmen, wenn diese nicht zu schwer ist. Mit entsprechender Kleidung kann ein solche Gefährt auch ganzjährig benutzt werden. Die größte Gefahr droht in der kalten Jahreszeit von Glatteis und nassen Strassenbahnschienen – hier ist besondere Vorsicht geboten, ich spreche aus Erfahrung.

Wenn ich mir ein Auto und den damit verbundenen Luxus, gemeinsam mit meiner Familie Ausflüge zu unternehmen, nicht mehr leisten könnte, wäre eine Roller meine zweite, das Fahrrad meine dritte Wahl. Ich bin als Schüler und Student nur Roller gefahren und in manchem melancholischen Augenblick, wenn ich im Stau stehe und die schnittigen Gefährte mit Gesumm auf dem Mittelstreifen an mir vorbei zischen, überkommt mich Wehmut.

XII. Das liebe Geld

Was ist ein Wert? Wie wird er bestimmt?

Um ein gutes Leben mit wenig Geld zu führen, muss man wissen, was Geld eigentlich ist und wie man es richtig einsetzt. Die meisten Menschen haben erstaunlich wenig Ahnung von diesem Thema, und das, obwohl unsere gesamte Kultur und Gesellschaft monetär geprägt ist. Wir bemessen sogar den Wert der Arbeit mit Geld – ein großer Zynismus, wenn man darüber einmal eingehend nachdenkt; mir konnte noch niemand plausibel erklären, warum ein Lagerarbeiter weniger verdient als ein Busfahrer und warum ein Busfahrer in Deutschland zig mal soviel verdient, wie ein Arzt im Kongo.

Zunächst hat Geld zwei Funktionen:

1. ist es ein Wertmaßstab,

2. ein Tauschmittel.

Geld selbst hat keinen Wert, *ist wertlos*, wenn man vom reinen Materialwert absieht. Wenn also jemand Geld „hinterherläuft", d.h. es mühevoll anspart, anlegt, es auf der Bank „vermehrt", um sich schlussendlich an der Zahl auf seinem Kontoauszug zu erfreuen und dessen, was er damit kaufen *könnte* – dann besteht eine relativ hohe Wahrscheinlichkeit, dass dieser Jemand nicht die geringste Ahnung von Geld hat. Über das Geldsystem, das wir erschaffen haben und dessen Opfer wir regelmäßig werden, möchte ich nicht reden – ich glaube, es ist verbesserungswürdig, aber weit weniger schlecht, als manche Kritiker behaupten. Das Problem ist nicht das Geldsystem, sondern die Unfähigkeit oder der Unwille der meisten Menschen, sich den hier herrschenden Spielregeln anzupassen.

Was den Wertmaßstab angeht, den Geld darstellt, so ist dieser sehr subjektiv und extrem schwankend. Das führt zu einigen Fehlschlüssen, die fatale Auswirkungen auf das eigenen Budget haben: Nur weil etwas Betrag X kostet, muss es nicht einen entsprechenden Gegenwert darstellen. Zudem bestimmt richtigerweise der Käufer den Wert der Ware und zwar zunächst nicht monetär, sondern im Wert, den die Ware für ihn hat. Letzteres Privileg, den Wert einer Sache nach den eigenen Maßstäben einzuschätzen, besitzt zwar ein jeder, aber die wenigstens üben es noch aus.

In vielen arabischen Länder wird noch gefeilscht. Feilschen ist ein kommunikativer Akt, bei dem die Preisvorstellungen von Käufer und Verkäufer verhandelt werden, bis ein individueller Konsens erreicht wird oder nicht. Zwei unterschiedliche Käufer zahlen zwei unterschiedliche Preise beim selben Produkt und beim gleichen Verkäufer – die Preisschwankung ergibt sich aus dem je unterschiedlichen Wert, den die Sache für den Käufer besitzt. Wer etwas mehr will oder dringender braucht, wird am Ende auch mehr bezahlen und umgekehrt.

Bestimme ich den Wert einer Sache nicht, so tut es der Verkäufer – meist nicht zu meinen Gunsten.

Wer den wahren Wert einer Sache für sich selbst bestimmen kann, der weiß wann er ein vorteilhaftes, bzw. schlechtes Geschäft machen kann.

Wie kommt man nun zu einer Wertbestimmung? Da wir keine Händler sind, kümmert uns zunähst nur der Wert einer Sache für unser eigenes *Wohlleben*. Ein Gemälde von Picasso besitzt zweifellos einen künstlerischen Wert und dieser ist zweifellos auch monetär ausdrückbar, etwa, wenn das Bild versteigert würde. Für mich aber besitzt das Orginal keinen Wert, weil ich es gar nicht besitzen *möchte*. Ein Bilderband über Picasso, in dem sich auch einen Hochglanzdruck besagten Werkes findet, hat dagegen einen Wert für mich.

Was ich unmittelbar brauche, um zu überleben, hat den

größten Wert. Vor allem dort, wo Mangel am Nötigsten herrscht, zeigt sich das am Deutlichsten. In Zeiten schweren Hungers wird Brot mit Gold aufgewogen – man sagt: Brot ist teuer. Das ist jedoch falsch. Brot hat für den Einzelnen immer den gleichen Wert, denn unabhängig davon, ob die Ernte gut oder schlecht ausgefallen ist, muss er essen. Es ist das Gold, das seinen Wert verliert.

Es gilt also: Je fundamentaler das Bedürfnis, desto höher ist der Wert der Sache anzusetzen, die es befriedigt.

Ein Blick auf die Werbung verdeutlicht die allgegenwärtige Gültigkeit dieses Grundsatzes: Werbung versucht Bedürfnisse zu wecken, die ursprünglich gar nicht vorhanden sind. In den 80er Jahren hatte wohl kaum jemand das Bedürfnis nach einem Mobiltelefon oder einer App. Das Bedürfnis nach einem unnötigen Produkt muss also erst erzeugt werden und dies geschieht mittels immens teurer Werbemaßnahmen, die dann über den immens übertrueten Kaufpreis refinanziert werden müssen. Ein Irrsinn in Anbetracht der Tatsache, das Teile der Weltbevölkerung noch nicht einmal in zufriedenstellender Weise ihre Grundbedürfnisse befriedigen können! Was man zum Überleben braucht ist zum Beispiel Gemüse. Für frischen Brokkoli habe ich aber noch keine Werbung gesehen. Warum auch? Das Bedürfnis danach ist ja ohnehin vorhanden. Was für das Überleben irrelevant und sogar ungesund ist, ist beispielsweise Tiefkühlpizza. Schon mal Werbung für Tiefkühlpizza gesehen?

Den Wert einer Sache bemesse ich also prinzipiell

1. nach dem Grad meiner Bedürftigkeit
2. nach der Fähigkeit der Sache, mein Bedürfnis zu befriedigen

Nachrangiger, bei Dingen, die ich nicht unbedingt brauche, die aber einen konkreten Nutzen für mich darstellen, kommen dann Kriterien wie Qualität, Nachhaltigkeit, Unterhalt, Lebensdauer etc. hinzu.

Noch nachrangiger, bei Dingen, die ich lediglich gerne besitzen will, an deren Besitz ich Freude habe stehen Gesichtspunkte wie Ästhetik, Geschmack, Prestige-Faktor etc.

Man gibt Geld nicht eigentlich aus, sondern investiert. Kaufe ich Lebensmittel investiere ich beispielsweise in mein Überleben, meine Gesundheit, das Wachstum meiner Kinder, meinen Genuss und so weiter.

Vor jeder Investition stehen also Fragen wie: Muss ich das unbedingt haben? Muss ich es jetzt haben? Gibt es Alternativen? Durch die ehrliche und vernünftige Beantwortung dieser Fragen – und dazu ist jeder Mensch ist der Lage! – ergibt sich die subjektive Bestimmung des Wertes. Dieser Wert aber, um den Kreis zu schließen, ist in den möglichen und angemessenen monetären Aufwand zu übersetzen, welcher sich wiederum aus meinen Mitteln ergibt. Dazu mehr im Folgenden.

Fragen des Budgets

Zahlen sind abstrakt. Konkret werden sie erst, wenn sie im Verhältnis zu einer Größe betrachtet werden, die uns unmittelbarer, verständlicher, näher ist. „Etwas kostet 10€" ist für sich genommen eine völlig unverständliche Aussage. Habe ich aber einen Stundenlohn von 10€ oder ein Gehalt von 1000€ kann ich den Preis einer Sache in Beziehung zu meinen Mitteln oder der dafür erforderlichen Arbeit setzen. Brauche ich eine Sache unbedingt, so bin ich bereit, einen relativ größeren Anteil meiner Mittel dafür einzusetzen und umgekehrt. Aus dem Verhältnis von Mitteln, Bedürfnissen und Preisen ergibt sich das Budget.

Wichtig ist, dass man die Sache zunächst aus der richtigen Richtung, d.h. von seinen eigenen Mittel her, denkt. Das bedeutet: Ich frage nicht zuerst, was mich meine monatlichen Lebensmittel kosten, sondern ich überlege mir, wie viel ich ausgeben kann. Dann erst stellt sich die Frage, ob das angesetzte Budget ausreichend ist. Ist es das nicht, versuche ich günstiger einzukaufen oder mich einzuschränken. Erst, wenn auch dies misslingt, passe ich mein Budget an. Ist mein Budget aber zu großzügig bemessen, kann ich es entweder reduzieren oder meine Bedürfnisse aufwendiger befriedigen.

Versichert?

Ich halte, wie man sich denken kann, nichts, gar nichts von Versicherungen. Sie basieren auf dem gleichen Prinzip wie jedes andere Glücksspiel auch – man wettet auf das Eintreten oder Ausbleiben eines Ereignisses. Ob es sich dabei um einen Autounfall, einen Todesfall oder eine Zahl von 0-36 handelt, spielt keine Rolle. Die Leistung der Versicherung besteht darin, eine reale Quote für das Eintreten oder Ausbleiben eines bestimmten Ereignisses auszurechnen, um dann dem potentiellen Versicherungsnehmer, eine schlechtere anzubieten. Die Differenz zwischen Realquote und Angebotsquote ist die mathematischen Grundlage des Profits für die Versicherungsgesellschaft. Dieses Geschäftsmodell ist derart profitabel, dass Versicherungen zu den größten Akkumulationsbecken für Kapital geworden sind. Ihr Reichtum speist sich aus der künstlich erzeugten Angst des Individuums vor einem statistisch eintretenden Ereignis, bzw. aus dessen irrationalen Spieltrieb.

Ich rate nicht generell von Versicherungen ab. Wer Spaß daran hat oder sich – im Bösen wie im Guten – zu den Auserwählten rechnet, der soll sein Glück in der

Spielbank, am Lottostand oder eben beim Abschluss einer Lebens- oder Todesversicherung etc. ruhig versuchen. Aber er soll, wenn er verliert – und statistisch verliert er, das ist der Plan – nicht traurig sein...denn der Eintritt *dieses* Ereignisses ist, worauf die Bank gewettet hat.

Ich habe keine Versicherung, zu der ich nicht gesetzlich gezwungen bin, und eine solche auch noch nie nötig gehabt. Ich reguliere mein Leben – selbst.

In Deutschland ist man gezwungen eine Reihe von Versicherungen zu haben. Über Sinn und Unsinn davon kann man streiten. Ich sehe diese Abgaben als Zwangssteuer an und erdulde sie dementsprechend. Kfz-Haftpflicht und Haushaftpflicht (damit mein Haus auch nicht ins Gefängnis gehen muss, wenn es dem Briefträger einen Ziegel auf den Kopf wirft) sind noch einigermaßen bezahlbar. Mit der Krankenversicherung dagegen ist es schwieriger, hier können schnell einige Hundert Euro im Monat an Kosten entstehen. Hat man keine kreative Lösung für dieses Problem empfiehlt es sich, anstelle eines 400€ Jobs einen 40*1*€-Job anzunehmen. Man ist dann versichert, muss allerdings höhere Abzüge in Kauf nehmen, die durch Mehrarbeit oder andere Maßnahmen ausgeglichen werden müssen.

Die Krankenversicherung nehme ich aus Prinzip nicht in Anspruch, auch wenn ich eine besitze. Ich zahle Arzt und Medikamente selber. Das ist erstaunlich günstig. Für eine Untersuchung beim Facharzt werden ca. 20€ fällig, auch die Arzneien sind meist durchaus bezahlbar. Einmal musste ich operiert werden. 3 Tage Krankenhausaufenthalt kosteten mich 800€ – soviel wie eine nettes Hotel und ein paar Mahlzeiten im Restaurant oder einen Monat Lebensunterhalt. In diesem Fall nahm ich die KV in Anspruch.

Statt Vermögen bilden, Erträge generieren oder Ausgaben reduzieren

Kommt man in die Lage, mehr Geld, als benötigt, zur Verfügung zu haben, stellt sich die Frage nach lukrativen Anlagemöglichkeiten – natürlich nicht. Geld will ausgegeben, investiert werden. Sinnlos ist es, hart Gespartes oder zufällig Erworbenes in irgendwelche Anlagen zu stecken, die einfach nur neues Geld generieren, während die wirklichen Erträge anderen zufallen, nämlich jenen, die mit dem Kapital *arbeiten*. Geld auf Zins anzulegen bedeutet, etwas Wertloses etwas Wertloses generieren zu lassen – eine aufblasbare Kuh, die Luft statt Milch gibt.

Ein guter Kaufmann reinvestiert seinen Gewinn. Sein Konto ist bis auf die nötige Liquidität, die er braucht, um Miete, Angestellte, Lebensunterhalt usf. zu bezahlen, leer, sein Warenhaus aber zum Bersten voll.

Es gibt meiner Meinung nach zwei sinnvolle Möglichkeiten, überflüssiges Geld umzusetzen. Langfristiges Ziel ist dabei, *Ausgaben zu reduzieren* oder *Erträge zu generieren*.

Unter dem Ersten „Erträge generieren" Punkt ist, ich wiederhole es nochmals, keineswegs gemeint, neues Geld in Form von Zinsen oder Dividenden zu gewinnen. Unter Erträgen verstehe ich Güter, die zunächst meine Bedürfnisse befriedigen, die also einen individuellen *Wert* für mich darstellen. Ein Apfelbaum oder ein Himmbeerstrauch wären solche ertragreichen Anlagemöglichkeiten. Man kann auch Ackerfläche kaufen und sie einem Landwirt um einen geringen Teil der Ernte verpachten, wenn man, wie ich, keine Neigung, kein Talent oder keine Möglichkeit hat, selbst auf diesem Feld wahrer Ehre und Heldentums tätig zu werden. Ein solches Äckerchen besitze ich. Es ist mir als Erbteil zugefallen. Auf dreißig Jahre verpachtet ist es um die jährliche Grundsteuer und einen großen Sack Kartoffeln.

Alternativ zur ertragsfokussierten steht die ausgabenmindernde Anlage. Hier findet sich eigentlich immer ein Betätigungsfeld, auf dem noch etwas getan werden könnte. Es gibt immer etwas, das besser, effizienter oder haltbarer, schöner etc. sein könnte. Wichtig ist, dass man die Überfülle benutzt, um *Kosten langfristig zu mindern*, nicht zu erhöhen. Sicher könnte man den Kleinwagen mit einem Kleinbus vertauschen, was den Transport von beispielsweise Baumaterial bedeutend vereinfachen würde. Langfristig fielen dann aber auch mehr Steuern, Versicherung, Sprit, Unterhalt etc. an. So wäre, anstatt Freiheit oder Erleichterung vom monetären Druck zu gewinnen, nur neue Abhängigkeit erzeugt worden.

Sollte die Überfülle übrigens zur Regel werden, kann man sich auch einfach entschließen, etwas weniger zu arbeiten, bis man nur noch das einnimmt, was man auch ausgibt, bzw. sinnvoll ausgeben kann. Auch Geld belastet, bedeutet Arbeit, selbst wenn diese nur darin besteht, über die Verwaltung seines Vermögens nachzudenken.

Nicht vergessen: die beste Note ist die Vier. Ausreichend.

Notgroschen

Sofort verfügbares Geld auf dem Konto oder unter dem Kopfkissen sollte man haben, um damit drei bis sechs Monate auszukommen. Diese Binsenweisheit findet man in jedem Finanzratgeber. Sie beruht auf der Idee, dass eine unerwartete Anschaffung nötig werden könnte (oft habe ich als Beispiel von der kaputten Waschmaschine gelesen, die natürlich umgehend ersetzt werden muss...) oder dass man in einen ebenfalls unerwarteten finanziellen Engpass gerät, also potentiell anstehende Rechnungen (präferiertes Beispiel: die leidige Hypothekenrate) nicht mehr bezahlen kann. Geld, so ist man zu glauben versucht, scheint also alle Probleme lösen zu können. Darum muss man es im Haus haben wie Pflaster und Jod.

Die Idee hinter einem Notgroschen ist an sich nicht schlecht. Für die schlechte Zeiten vorsorgen, das tue ich. Nun, aber einen *Groschen* habe ich nicht, weil Geld, das nicht benutzt wird, keinen Wert für mich darstellt und darum auch nicht aufgespeichert wird. Solange mich derart irrsinniger Reichtum umgibt, wie es im Augenblick der Fall ist, kann ich fast alle meine Besitztümer entweder sofort ersetzen oder billigst aus meinen laufenden Einnahmen instand setzen lassen. Der allgemeine Reichtum an Gütern ersetzt also meinen Notgroschen. Würde dieser Reichtum irgendwann abnehmen oder schwinden, würden sich auch meine Lebensgewohnheiten anpassen.

Trotzdem kann man nicht behaupten, ich lebte sorglos in den Tag hinein. Ich habe Familie, also Verpflichtungen. Ich trage an einer Verantwortung, ich muss vorsorgen.

Notgroschen besitze ich in Form von

Kerzen – für Stromausfall.

Holz – damit ich Wärme produzieren kann.

Lebensmittel – damit ich essen kann.

Werkzeug und Ersatzteile – damit ich reparieren kann.

Monetäre Engpässe hatte ich noch nie. Die Anzahl meiner laufenden Rechnung hält sich in engsten Grenzen. Tatsächlich bezahle ich nur abschlägig Strom und Telefon. Nachzahlungen habe ich nicht zu befürchten, den Stromverbrauch kontrolliere ich mittels Zähler selbst, Telefon und Internet ist als Flatrate gebucht. Geht etwas kaputt und steht kein günstiger Ersatz zur Verfügung, muss ich Alternativen suchen und meist finde ich sie auch. Sind auch keine Alternativen vorhanden, muss ich eben Verzicht üben, bis ich den Mangel innerhalb meiner Möglichkeiten beseitigen kann.

Es kam schon vor, dass ich einige Wochen lang kein Auto zur Verfügung hatte, weil ich um mein Geld kein passendes Gefährt gefunden haben. Was am Anfang katastrophale Auswirkungen auf unser Familienleben vermuten ließ, stellte sich nach einiger Zeit nur als Ärgernis heraus. Niemand musste verhungern. Wir fuhren mit dem Bus zum obligatorischen Großeinkauf – ein schönes Abenteuer für die Kinder – und ich zur Arbeit. Alles dauerte etwas länger – Zeit indes haben wir genug. Je mehr ich mich an den Mangel gewöhnte, desto weniger schmerzhaft schien er. Irgendwann erlahmte sogar meine Suche nach einem neuen Wagen. Ich hatte mich in den Umständen eingerichtet, hatte mich ihnen angepasst. Hätte nicht meine Frau, die weder die Suche nach, noch die Hoffnung auf ein neues altes Auto aufgegeben hatte, mich eines Tages auf eine Anzeige im Internet aufmerksam gemacht – wer weiß, ob ich nicht immer noch Bus fahren würde?

Buchführung

Ein Haushaltsbuch ist unerlässlich. Hierhin werden sämtliche Ausgaben und Einnahmen verzeichnet. Man kann Haushaltsbücher mit fertigen Einteilungen kaufen. Besser und günstiger ist jedoch, sich selbst ein Schemata auszudenken. Ich mache das alles mit dem Computer. Weil ich vom Wesen her eher chaotisch veranlagt bin, trage ich sämtliche Ausgaben mit knapper Beschreibung der Position (Lebensmittel, Stromrechnung, Kfz-Steuer etc.) einfach in ihrer chronologischen Reihenfolge ein. Mit den Einnahmen halte ich es ebenso. Erst Ende des Monats rechne ich die einzelnen Positionen wie Lebensmittel, Strom und Holz, Auto, Telefon etc. zusammen. Das macht zwar etwas Mühe und kostet ein paar Minuten, aber Zeit spielt bei meiner Lebensweise ohnehin... ja, ja.

Das Haushaltsbuch verschafft mir einen finanziellen Überblick, erlaubt mir meine Ausgaben zu kontrollieren und gegebenenfalls auch zeitnah zu regulieren.

Ein Beispiel: Ich benutze seit Jahren eine Telefon-Internet-Flatrate. Diese ewig gleiche Position (Nummer 4) in meiner monatlichen Bilanz erregte irgendwann meinen Argwohn. Also forschte ich nach und fand einen günstigeren Anbieter. Immerhin 5€ im Monat konnten gespart werden. Das sind 60€pro Jahr. Für 60€ kann ich mir einen Ster Holz anliefern lassen, der mein Haus im Winter ca. 3 Wochen lang beheizt; oder ich kann ein gutes Jahr lang heißes Wasser produzieren. Für mich stellen diese 5€ im Monat also eine immense und äußerst *wertvolle* Ersparnis dar, die den bescheidenen Aufwand des Anbieterwechsels auf jeden Fall rechtfertigt.

Hätte ich meine Buchführung nicht, wäre mir diese Position vermutlich niemals *aufgefallen*. Ich hätte, wie so viele andere, einfach jeden Monat bezahlt – ohne nachzudenken. Und das ist der eigentliche Nutzen der Buchführung: Sie macht zwar nichts billiger, zeigt aber, wie viel die Dinge wirklich und objektiv kosten und welchen Anteil sie im Verhältnis zu den Einnahmen ausmachen. Das Haushaltsbuch spiegelt das eigene Konsumverhalten luzide wider, streng nach dem Gebot des Orakels: Erkenne dich selbst!

Bargeld oder Plastik?

Angenehm ist es, den Einkauf mit der EC-Karte zu bezahlen, wenn auch verführerisch und mithin gefährlich. Ich neige dazu, und anderen scheint es ähnlich zu gehen, mit der Karte mehr auszugeben. Man muss nicht mitrechnen, ob das Bare in der Tasche der Forderung des Kassierers genügen wird. Entsprechend mindert sich die Bedeutung der einzelnen Preise, am Ende ignoriert man sie völlig.

Ich persönlich kann mit Plastikgeld nicht umgehen, darum benutze ich es nur im Notfall. Stattdessen hebe ich am Monatsanfang den Betrag ab, den ich auszugeben plane. Die abgehobene Summe teile ich dann noch in Untersummen, für den Supermarkt, die Drogerie etc. ein. Gehe ich die Drogerie, fülle ich meine Börse aus der Drogeriekasse, nach dem Einkauf lege ich das Restgeld wieder zurück.

Beim Einkaufen rechne ich überschlägig die Preise mit. Mein Verhalten führt nicht selten dazu, dass ich das eine oder andere Wünschenswerte aber Unnötige liegen lasse, auch wenn es ein vermeintlich gutes Angebot ist. Mit der Karte, da bin ich mir sicher, würde ich es kaufen.

Bank

Das Konto muss vollständig kostenlos sein. Viele Banken bieten diese Kondition jedoch nur bei entsprechendem monatlichen Geldeingang an. Sind die Einnahmen geringer, muss man bezahlen. Wer hat, dem wird gegeben, wer nicht hat, dem wird auch noch das Wenige genommen, das er hat.

Onlinebanken verzichten dagegen fast immer auf Kontoführungsgebühren. Online-Banking ist meiner Erfahrung nach bequem und sicher. Anfangs war ich skeptisch, jetzt will ich es nicht mehr anders haben. Hat man eine Frage, kann man anrufen, und wird kompetent beraten. Da ich bei all der Überfülle, die mich schwelgerisch umgibt, ohnehin als *arm* gelte, nichts leihen will und nichts verleihen, bzw. anlegen kann, habe ich mit meiner Bank ohnehin erfreulich wenig zu tun.

Worauf man allerdings achten sollte, ist die Möglichkeit des *Geldabhebens*. Dies sollte kostenlos und in der Nähe möglich sein – von Bank zu Bank gibt es verschiedene Netzwerke und Möglichkeiten – hier muss man sich eingehend informieren, zumindest, wenn man auf Bargeld wert legt. Ansonsten ist der

Kassierer meist auch mit Plastik zufrieden.

Anstelle eines Nachworts...

...eine Zusammenfassung der wichtigsten Prinzipien, quasi als Schnellüberblick und Entscheidungshilfe:

1. Passe dich deinen Bedürfnissen an, nicht deinen Wünschen.

2. Passe dich den Gegebenheiten an, nicht jene an dich.

3. Lerne dein rechtes Maß kennen und bewerte alles danach.

4. Mach dir jede Ausgabe schwer, jeden Verzicht aber versüße dir.

5. Denk nach, über dich, über dein Leben, über deinen Alltag.

...und eine Entschuldigung. Der Text ist nicht fehlerfrei, sein Sinn davon aber nicht betroffen. Das Lektorat habe ich mir selbstverständlich gespart. Wer Fehler findet, kann sie mir freundlicherweise mitteilen, ich werde sie zeitnah korrigieren.

Auch für Fragen und Hinweise rund ums Thema „Aussteigen - Light" bin ich dankbar:

andreas.n.graf@web.de

… das n steht übrigens für Nepomuk!

Ein schönes Leben noch!

© Andreas N. Graf, 2015